Manual para la Vida

Eunice Marín Osorio

Reservados todos los derechos. No se permite la reproducción total o parcial de esta obra, ni su incorporación a un sistema informático, ni su transmisión en cualquier forma o por cualquier medio (electrónico, mecánico, fotocopia, grabación u otros) sin autorización previa y por escrito de los titulares del copyright. La infracción de dichos derechos puede constituir un delito contra la propiedad intelectual.

Ibukku es una editorial de autopublicación. El contenido de esta obra es responsabilidad del autor y no refleja necesariamente las opiniones de la casa editora.

Manual para la Vida
Publicado por Ibukku
www.ibukku.com
Diseño y maquetación: Índigo Estudio Gráfico
Copyright © 2018 Eunice Marín Osorio
ISBN Paperback: 978-1-64086-291-3
ISBN eBook: 978-1-64086-292-0
Library of Congress Control Number: 2018966980

ÍNDICE

DEDICATORIA	5
PRÓLOGO	7
MANUAL PARA LA VIDA	9
CAPÍTULO 1. CONCIENTIZÁNDONOS QUE SOMOS TRIPARTITOS	11
CAPÍTULO 2. MANUAL PARA EL CUIDADO DEL ALMA	13
CAPÍTULO 3. MANUAL PARA EL CUIDADO DE LA MENTE	41
CAPÍTULO 4. MANUAL PARA EL CUIDADO DEL ESPÍRITU	57
CAPÍTULO 5. MANUAL PARA EL CUIDADO DEL CUERPO	65
CAPÍTULO 6. MANUAL DE COMPORTAMIENTO COTIDIANO	91
CAPÍTULO 7. NUESTRO PASO TRANSITORIO EN ESTA TIERRA	107
CAPÍTULO 8. CONSCIENTES DE NUESTRO LEGADO	109

DEDICATORIA

A Dios, de quien procede todo conocimiento, sabiduría, gracia y favor. Su aliento me permitió no desfallecer en este proyecto, a Él sea la gloria por los siglos de los siglos.

A quien me bendijo hasta su último respirar, su legado lo atesoro en mi corazón, al ángel que me dio la vida.

A Miguel Ángel, motor de vida, con quien comparto mi Ser en éste fragmento terrenal de mi existencia. Gracias por tu interés en éste libro y por tu amor.

PRÓLOGO

Érase una vez un embrión (cuerpo) en el vientre de nuestra madre, que recibió el soplo de vida de papito Dios (espíritu), lo que dio origen a la formación del alma. Así fui formado, un ser TRIPARTITO... espíritu, alma y cuerpo. En la unión del espíritu con el cuerpo surge el alma, el uno sin el otro no puede vivir, todos estos elementos conforman nuestro SER.

Es así como en el libro de nuestra vida, fueron escritas todas aquellas cosas que luego fueron formadas sin faltar una de ellas. (Salmos 139:16).

MANUAL PARA LA VIDA

Manual para la vida, escrito en el libro de mi vida, nace en mi corazón el día 27 de junio de 2017, con el propósito de brindar a cada Ser una serie de instrucciones fundamentadas en la Biblia, las cuales he seleccionado de acuerdo con criterios propios que la vida actual nos depara.

Este libro pretende que cada alma lectora interiorice unos preceptos básicos que, una vez asimilados, permitan a cada uno llevar una vida con propósito, facilitando la estadía en esta tierra, dejando un legado y ejemplo para sus generaciones, aportando un grano de arena a la construcción de la sociedad en que vivimos, entregando la sabiduría que reposa en la palabra de Dios, por lo que se denomina "Manual para la vida". Sus instrucciones están llenas de sabios consejos y preceptos que servirán a todo aquel que lo lea. También constituye un manual para quienes aún no han iniciado la lectura del libro más maravilloso, el que transforma vidas, porque tiene vida, el que está lleno de amor y constituye alimento espiritual a quien en él se deleita, escrito hace miles de años, es atemporal.

Manual para la vida, también pretende el crecimiento personal de cada individuo al conocer esa otra parte de nuestro Ser: la espiritual y la almática. El recorrido por todos los temas muy seguramente permitirá sanar heridas y cambiar la perspectiva de vida.

Gracias por estar aquí en este momento, dejando entrar a tu corazón palabra de lo Alto, permitiendo que Dios trabaje en tu interior y dándole la más hermosa de las bienvenidas.

CAPÍTULO 1.
CONCIENTIZÁNDONOS QUE SOMOS TRIPARTITOS

Hebreos 4:12. Lucas 1:46-47. Génesis 2:7. 1. Tesalonicenses 5:23-24.

Debemos tener un punto de partida respecto a nuestra naturaleza, y es que todo nuestro ser consiste en la composición de: espíritu, alma y cuerpo.

Nuestro cuerpo, como un templo, tarde o temprano dejará de existir, esta casita ha sido un préstamo que debemos cuidar de manera responsable, por lo tanto es temporal, se convertirá en polvo que vuelve a la tierra; pero claro está, no somos solamente cuerpo, en el fondo, sabemos que hay algo más en nosotros, como esa sensación que tienen a quienes se les ha amputado un miembro de su cuerpo, que consiste en la percepción de que éste (miembro amputado) sigue conectado al cuerpo y está funcionando con el resto, lo que puede generar hormigueo u otra sensación, a esto se ha denominado: "síndrome del miembro fantasma".

Esa sensación de hormigueo ejemplifica que en espíritu estamos completos, en espíritu no existen amputaciones, porque cuando esa alma vaya al cielo allí estará completo. Aquello inmaterial en nosotros se denomina alma y espíritu. En el alma residen todas nuestras emociones o sentimientos, el espíritu es nuestro aliento de vida, el hálito o fuerza de vida impersonal.

La palabra alma se deriva del vocablo hebreo néfesh adam, que indica persona humana o vida humana y la voz griega psyche: viviente, sentimientos. En el alma se encuentra la voluntad, el intelecto (pensamientos y mente) y las emociones.

Pero también habita en nosotros el espíritu, que viene de la voz hebrea ruah: es la señal y el hálito de vida y del griego pneuma: aire en movimiento, viento o aliento. La principal función del espíritu es tener contacto con Dios, nuestro creador. Cuando dejamos de respirar, nuestro espíritu regresa a quien nos lo dio, a Dios.

La palabra cuerpo, viene del latín corpus, refiriéndose a la figura humana, sobre todo el tronco, es el revestimiento del alma y del espíritu. Ese ropaje terrenal es prestado para vivir temporalmente, es el medio por el cual interactuamos en el mundo, mientras el espíritu y el alma pasarán a la eternidad.

Te invito a que emprendas el camino del conocimiento de tu ser integral y anhelo que cuando termines de leer este libro, lágrimas de sanidad hayan brotado por tus ojos y te dirijas por el sendero de una nueva vida.

CAPÍTULO 2.
MANUAL PARA EL CUIDADO DEL ALMA

El alma es la sede de nuestra personalidad. Es aquello inaccesible e inmaterial de cada ser humano, no es perceptible físicamente. En ella se encuentran los pensamientos o la mente, la voluntad, los sentimientos y emociones, es decir, los elementos que nos hacen humanos son del alma: El intelecto, los ideales, el amor, la emoción, el discernimiento, la capacidad de elegir, etc. (Monografías.com. Tripartitamente. ¿Qué es el espíritu, qué es el alma y qué es el cuerpo? Dr. Israel Condori Curo).

Siendo el alma trascendental para tener una estadía en esta tierra que nos llene de paz y gozo, su cuidado comprende:

2.1. ALEJAR TODA AMARGURA. Viene de la palabra amargo, del latín *amarus* que significa amargo o triste. La amargura es aquel sentimiento o actitud del corazón humano que lo discapacita para ver lo bueno, lo amable y agradable de la vida. Es la amputación de la alegría. Es fácil detectar a una persona en esta situación, pues dentro de sus características se encuentran personas con las siguientes actitudes:

Poca alegría en la cotidianidad, demasiada crítica por su entorno, juzgamiento por los demás, aislamiento constante, ningún plan o proyecto le llama la atención para ejecutarlo a título personal, familiar ni mucho menos empresarial o colectivo.

Por lo tanto, quien tiene amargura en su corazón se le asocia o ejemplifica como una raíz. Las raíces de un árbol hacen que éste se aferre a un lugar, cuando pasan los años, sus raíces son tan fuertes que pueden levantar construcciones, siendo necesario cortarlas para no permitir que siga dañando lo construido.

Igual pasa en nuestra vida, cuando la amargura ha crecido cual raíz que nos estancó en un solo lugar, dañando y contaminando nuestras sanas emociones y hasta nuestro cuerpo, igualmente debe ser cortada y erradicada para salir del estoicismo, porque quien la padece, deja de alcanzar la gracia de Dios (hebreos 12:15).

Pero ustedes pensarán: ¿La amargura contamina todo el cuerpo? Sí. Esta palabra contamina es la evidencia de que quien sufre de amargura, se encuentra en la unidad almática de cuidados intensivos, es decir, es una situación muy grave que requiere con urgencia tratamiento, porque las raíces deben erradicarse para que nunca más vuelvan a salir. La amargura elevada a su máxima potencia se convierte en odio. Esta enfermedad, que para los psicólogos es una de las fases de la depresión, no podrá nunca tratarse con medicamentos, los cuales sólo afectan el cuerpo, pero sí requiere ser tratada de inmediato para que no se convierta en epidemia, porque suele ser contagiosa.

Un síntoma de su gravedad es cuando la persona se encuentra en la etapa de victimización. Es decir, que se siente una víctima de todo lo que le ha sucedido a lo largo de su vida, haciendo de esta circunstancia la causal de justificación de su amargura y de tener la actitud y la visión que tiene de la vida.

El psicólogo Dr. Carsten Wrosch, ha estudiado la amargura durante muchos años y al respecto indica:

"Cuando se alberga por un tiempo largo, la amargura puede anticipar patrones de desregulación biológica (un impedimento fisiológico que puede afectar el metabolismo, el sistema inmunológico o la función orgánica) y de enfermedad física."

Lo anterior indica que la amargura puede ir más allá del campo emocional o almático y puede afectar gravemente la salud y la vida de quien la padece, generando problemas en el sistema de defensas y en todas las funciones de nuestros órganos y sistemas (digestivo, circulatorio, óseo, respiratorio, nervioso y muscular).

Así que, aleja la amargura de tu vida ahora, evalúa alguna de sus causas, con el fin de llegar al fondo de la situación y conocer qué la desencadenó, con el fin de tener una visión diferente de lo sucedido y de tu vida, erradicándola para siempre. Algunas de las causas de la amargura se encuentran en los siguientes sentimientos:

2.1.1. ENVIDIA. http://etimologias.dechile.net/?envidia. La palabra envidia viene del latín invidere, compuesta de "in" (poner sobre, ir hacia) y "videre" (mirar). Envidia significa poner la mirada sobre algo. La envidia surge después de fijar la mirada en otro y codiciar tener, vivir o ser como la persona sobre la cual has puesto tu atención. Valorar lo que eres, tienes y vives, es suficiente para no mirar a nadie más. Sólo ver al otro para aprender de él. Considérate valioso, especial, único e irrepetible, sobre todo, amado por tu Creador, con un amor eterno e inimaginable, como sólo Él lo puede dar.

Tu antídoto para la amargura es: amarte. Sentirte valioso e importante, conociendo que tu crecimiento espiritual implica ajustar constantemente muchas cosas que no están alineadas con el propósito de Dios en tu vida, pero al ser único, no tienes por qué codiciar ni anhelar lo que otros tienen, ellos también tienen luchas, fracasos, alegrías y dificultades.

2.1.2. FRACASO. Cuando somos niños nuestro maravilloso mundo está lleno de sueños, desconocemos completamente la palabra fracaso, nos recuperamos con prontitud de las pequeñas vicisitudes que se nos presentan en el colegio, compañeros de barrio o familia. Van pasando los años y el mundo de juegos y fantasías termina muy pronto para muchos, porque dejaron prematuramente los juegos de papá y mamá para convertirse en roles de la vida real. Otros tuvieron que empezar a proveer para su propia familia o reemplazar el rol de padre o madre inexistente o ausente para ayudar a educar a sus hermanos. En fin, cantidad de ejemplos podría citar en este momento, pero sólo un examen individual y los recuerdos de años atrás o situaciones difíciles, nos ayudan a obtener la respuesta de cuáles se podrían denominar fracasos. En verdad, éstos hacen parte de un propósito, un aprendizaje o una oportunidad, pero si esa circunstancia aún no la ves así, es porque de verdad sigue afectando demasiado tu alma, como cuando sucedió.

Tu antídoto para esta situación es la **aceptación** de aquello que no puedes cambiar y que es parte de un pasado inamovible. Tal vez han pasado los años suficientes para entender que aquello que en su momento fue un fracaso, para ti o para otros era todo un plan maravilloso de grandes cosas, proyectos y sueños que te obligaron a mirar a otro lado, lugar o cosa, incluso persona.

2.1.3. MALAS DECISIONES. Hay malas decisiones cuya solución es de instantánea definición cambiando inmediatamente de opinión y, superadas éstas, las secuelas son inexistentes.

Pero existen otras que dejaron grandes huellas, como: haber practicado el aborto por considerar que un hijo truncaría tu futuro o porque no tenías certeza de quién era el padre, casarte con la persona equivocada, el abandono de los hijos, la manipulación de éstos por el divorcio o por la mejor posición económica de uno de los cónyuges, vivir en el extranjero sin tener residencia lícita en el nuevo país, sociedades infructuosas, dejar de hablarle a los progenitores, abandonarlos, entre otros.

A las malas decisiones se les puede dar un cambio de rumbo a través del perdón, de volver a hablar con quienes nos dieron la vida, volver a entablar comunicación con los hijos, regresar al país de origen, etc. Aquellas situaciones que no tienen enmienda alguna por diversos motivos, como por ejemplo el aborto, que una vez practicado no te entregará la vida de tu bebé, tu alma debe ser liberada a través del perdón.

Tu antídoto para esta situación es perdonarte a ti mismo por esa mala decisión que ha marcado tu vida, eso implica también acercarse al trono de Dios y entregarle, a través de la confesión, todo lo sucedido y liberarte de la culpabilidad.

2.1.4. HERIDAS CAUSADAS. Considero que sobre este tema tendríamos mucho que decir. El sólo hecho de la convivencia en la tierra con múltiples personalidades, hace que existan grandes diferencias que desencadenan heridas. Debemos trabajar mucho en el respeto, la tolerancia y la no murmuración, para cosechar la paz a cada instante de nuestra vida.

Las heridas que se depositan en el alma pueden generarse por:

- RECHAZO: El cual pudo iniciarse en el vientre de tu madre, tal vez intentó practicarse un aborto, el cual resultó infructuoso porque estás aquí lleno de propósitos celestiales del Padre, o éste proviene de papá, que esperaba que fueras niño y eres niña o viceversa. Tal vez tus heridas son porque quisiste llegar al corazón de alguien y nunca pudo consolidarse una relación afectiva, la cual no sólo es de pareja, sino entre hermanos, padres e hijos.

-TRAICIÓN: Cuando depositaste tu confianza, amor, expectativas y sueños en una persona, quien a la más mínima oportunidad buscó su propio provecho, sin importar pasar por encima de todo lo que le brindaste, acabando así con todas las expectativas que tenías con ella. Ésta no sólo aplica en asuntos de infidelidades que suelen tener las relaciones de pareja, sino en las de amigos, familia y laborales, ya que nos sentimos traicionados a causa de la confianza que depositamos. De un enemigo nunca nos sentiremos traicionados, la traición sólo procede de alguien muy cercano a nuestro corazón.

- ABUSO: Palabra que viene del latín abusus y significa uso injusto o excesivo. Generalmente el abusador está en situación superior o de autoridad frente al que se siente abusado. Por eso, ésta puede darse entre padres a hijos o hijos a padres, cuando los últimos se encuentran, por su edad, en un estado de indefensión frente a su hijo. Esposos a esposas y viceversa o en el ámbito laboral, donde se ejerce la subordinación al subordinado. El abuso puede ser físico, verbal, emocional o espiritual.

2.2. DECIDE PERDONAR. No es casualidad que se encuentre en segundo lugar, pues después de recorrer una serie de situaciones por las cuales has atravesado y te encuentras aquí y ahora, buscando y encontrando alivio a tu alma, es indispensable que por cada dolor, situación de fracaso, palabras denigrantes, actos de abuso emocional o físico, palabras de abuso, de rechazo, maltrato, abandono emocional o físico de tus padres, tus malas decisiones, manipulación emocional y a esta lista puedes agregarle ese dolor sólo tuyo que albergas por años y que tal vez nadie conoce, debes tomar la decisión de perdonar.

2.2.1. PERDONARSE A SÍ MISMO. Pensaríamos que el perdón primero se otorga al ofensor y considero que el primero a quien debes de perdonar es a ti mismo. Sí, perdónate porque has permitido que alguien te manipule, porque dejaste que ese otro abusara emocionalmente de ti, guardando silencio, llorando en silencio. Perdónate la mala decisión que cambió radicalmente tu vida, perdónate por no amar la vida, por dejarte afectar, por vivir pendiente de la vida de los demás, descuidando la propia, perdónate por aquel día que un simple no, hubiera evitado todo, perdónate... perdónate. Y exprésalo para ti, hazlo audiblemente, di: me perdono por aquel día que decidí… que dije… que reaccioné de tal o cual manera… y renuncio a sentirme víctima de esta situación… desligo mi alma a ese momento de dolor, a ese recuerdo, desligo mi alma a sentir ese mismo dolor después de tantos años… desligo mi alma de aquel día que parece congelado a través del tiempo e intacto. Me perdono para continuar con mi vida, cumpliendo el plan maravilloso de bien y no de calamidad, que Dios tiene diseñado para mí desde que fui formado en el vientre de mi madre.

2.2.2. PERDONAR A DIOS. Quizás este término le resulte extraño, pero es necesario que se reconcilie con su Creador. Muy seguramente, a lo largo de la vida, ha tenido que atravesar diversas circunstancias que han traído abatimiento, o peor aún, siente que por tal situación Dios lo ha castigado y ese sentimiento le impide que tenga una vida llena del gozo y la paz que sólo viene del Padre. Sencillamente, es como si el tiempo se hubiera detenido en esa experiencia, en ese momento doloroso, en esa situación y aunque hayan pasado muchos años, su llanto y dolor son iguales al del primer día que fue impactada su alma con tal situación, tal vez la partida inesperada y prematura de un ser querido, una enfermedad que llegó sorpresivamente y cambió el rumbo de su vida, un inesperado divorcio, una situación económica precaria que no cesa, en fin, tantas situaciones diversas, como almas en la tierra.

Restaura tu relación con el Padre a través del perdón, Él no intervino como un castigador, Él no es el culpable de tu situación, más aún, tú no recibiste el castigo de papá Dios. Es probable que sentir que eres castigado por Dios fue fruto de tu relación con tu padre terrenal. ¿Fue un papá emocionalmente irascible y castigador? ¿Te castigaba cruelmente por cosas que para ti eran simple cosas de niños? ¿Te golpeó físicamente con tanta crueldad que dejó huellas imborrables en tu corazón, en tu cuerpo y los moretones de tu alma se hacen evidentes cuando algo así sucede? Es momento, querido lector, de perdonar a papá o mamá, quizás mamá tuvo que tomar el papel dual (papá y mamá) cuando sufrió el abandono de tu padre y se volvió cruel creyendo que así educaba hijos ejemplares, porque la "mano dura" ya no estaba en casa. Es momento de perdonar a papá y mamá por esos duros golpes, rechazos, palabras, maltrato, abandono, injusticia, predilección por tu hermano. Perdónalos, aunque ya no estén, aunque en vida no pudiste reconciliarte con ellos, hazlo ahora, perdónalos de corazón y abrázalos con tu alma, porque es necesario que tu alma sane, que te liberes y reconozcas que debemos perdonar para que Dios también nos perdone, porque tarde o temprano compareceremos al tribunal de Dios, y al único que le corresponde el juzgamiento es a Él. Perdona a Dios, si consideras que se llevó a tu papá o a tu mamá prematuramente sin poder disfrutarlos, sin poder tener una imagen clara de ellos y a causa de esto tienes una sensación de orfandad y desamparo ¿Sabes? Dice la palabra de Dios que, aunque tu padre y tu madre te abandonaren (o ya no estén físicamente), Dios es quien te abriga y te protege.

2.2.3. PERDONAR AL OTRO. Ahora sí, estás preparado para perdonar a los demás. Sí, perdona a esa persona que está vinculada a tu mala decisión, a ese momento doloroso, a esa palabra ofensiva, humillante, agresiva, de rechazo, cargada de odio y de dolor, a esa palabra de maldición que profirió en contra de tu vida. A veces, el nombre de esa persona puede aparecer de manera inmediata, otras veces a lo largo del día y en el transcurso de la lectura de este libro, irás trayendo a la memoria cosas muy guardadas en el fondo de tu alma y que en su momento causaron tantas heridas que, de manera inconsciente, decidiste olvidarlas y hace mucho tiempo no las tienes presentes porque están guardadas en una parte del cerebro, situación que para los psicólogos se denomina represión, llamado de esta forma por Freud al recuerdo reprimido como un mecanismo de defensa al dolor emocional que ocasiona el recuerdo, pero que para efectos de la sanidad del alma, las traerás a la memoria.

Si tu recuerdo es tan real que causa el mismo dolor que se ocasionó en su momento, tu alma aún está ligada a esa persona y situación de manera negativa. Es el momento de perdonarlo, de perdonar sus palabras, su actitud, la decisión que afectó tu vida, su silencio, su ausencia. Y ¿qué sucede si esa persona que debes perdonar ya no está porque se encuentra en una eternidad, no alcanzaste a decirle nada y tu corazón se partió en dos a partir de ese momento ante la imposibilidad de hablarle antes de morir? Esa persona, que puede ser tu papá, tu mamá o tu amigo, debe ser perdonada y pedirle perdón, aunque no la veas, porque tu alma lo necesita. Perdónala, pero recuerda que el perdón es de doble vía, necesitamos pedir perdón, no sólo concederlo. Sólo un corazón grande perdona, porque en ello encuentra una clave de éxito para el crecimiento espiritual y personal.

¿Y qué hay de ti? De tus palabras necias, del dolor que has ocasionado a los demás y tal vez no lo sepas, de las acciones que han herido la vida de otros, de tus actitudes y de todo cuanto pudiste hacer que afectó la vida de alguien. También ahí es necesario el perdón. Si puedes buscar al ofendido porque eres consciente que le causaste daño, búscalo, llámalo o trata de ubicarlo, situación que cada día es más fácil por el gran auge de las redes sociales, que, dándole este uso, su utilidad sería maravillosa. Llama a esa hermana, amiga, padre o madre que dejaste de hablarle por años, reconcíliate, aleja el rencor de tu vida, pide perdón y perdona, es el gran remedio de tu alma, el antídoto a la amargura, el rompimiento de ataduras y cadenas que te han tenido estancado durante años, lo que te ha impedido trascender, continuar, seguir adelante. Decide perdonar, porque llegará el gran día, en el cual todo el perdón que hemos otorgado a otros nos será dado como un regalo divino que viene de lo alto, del cielo, del Padre Celestial.

¿Qué pasa si la otra persona no acepta tu perdón? Comprende que su alma aún no está preparada para recibirlo, porque el perdón genuino sí trae olvido de la ofensa, sí trae el olvido de la circunstancia, sí proporciona la desconexión de la emoción o episodio doloroso con la persona que se vivió, sí trae una verdadera reconciliación.

Existirán también personas con las cuales el perdón no implicará que la relación afectiva se restablezca, pues muy seguramente, habrán transcurrido muchos años desde que sucedió la ofensa perdonada. Puede ser con el excónyuge, tu padre o madre, amigos, hermanos que ya no están, en fin, tengo la seguridad de que, a través de éste, tu alma cambiará, te sentirás diferente, libre, desatado y liviano.

2.3. BENDICE A TUS CONTRADICTORES. No existe otro antídoto para el odio y la amargura que la bendición y el amor. Tu amargura tiene nombre (¿ya sabes cuáles es?) porque permitiste que esa persona te afectara y empezaste a enfocar tu atención de manera negativa hacia quien te hizo daño de alguna manera. Hoy debes tomar la decisión de bendecir a esa persona que profirió palabras de maldición sobre tu vida. Primero, perdonarla de todo corazón, segundo, bendecirla. (Lucas 6:28-29) y la gran prueba de fuego de que la tarea ha quedado bien hecha es cuando la vuelvas a ver y tu corazón no palpite de indignación, dolor, angustia o indiferencia, y la veas con paz en tu corazón, con benevolencia, reconociendo que es igual de frágil a ti, que necesita tanta misericordia de Dios como tú. El odio y el resentimiento son sentimientos que no podemos albergar, porque constituyen un veneno para el alma que día a día intoxicará tu visión impidiéndote continuar, porque has quedado paralizado a través de ellos.

2.4. GUARDA TU BOCA. (Proverbios 21:23). Las palabras no se las lleva el viento, como se dice popularmente, las palabras son espíritu, son inmateriales porque no se pueden tocar, pero se sienten y tienen diferentes formas, olores y sabores de amor, de odio, de resentimiento, ofensa, elogio, adulación, falsedad, tristeza, alegría, reconocimiento, exaltación; cualquiera de ellas son alimento para tu vida, unas edifican y otras destruyen. Alguna vez te enamoraste debido a las dulces palabras pronunciadas por tu enamorado(a), te ofendieron debido a las palabras, dejaron huellas emocionales en tu vida por las palabras, entonces, si se las llevara el viento no tendrían efecto alguno. ¿Por qué son tan importantes?

La lengua es como espada de doble filo, es decir, de tu boca salen únicamente dos tipos de palabras: para bendecir o maldecir, edificar o derribar, animar o abatir, transmitir vida o muerte, aceptar o rechazar, perdonar o condenar (Mateo 12:36-37). Guardar tu lengua del mal es un gran aprendizaje para quien anhela y busca la paz.

Debido a su importancia, muchas de las cosas que vives o has vivido, se ocasionaron por alguna de ellas. Sí, es por eso que es incorrecto decir que las palabras se las lleva el viento. Por lo tanto, si empiezas a cuidar tu alma, debes empezar a revisar lo que de tu boca no debe salir. (http://etimologias.dechile.net)

1.1.1 Maldición. Maldecir significa: hablar mal de algo o de alguien. https://definiciona.com/maldecir/. Hablar con sátira, mordacidad o ironía con perjuicio de alguien, denigrar, blasfemar, ofender, ultrajar, despotricar, imprecar, criticar o condenar. Simplemente, maldecir es decir mal de alguien y no únicamente pronunciar la palabra: maldita, que en algunas películas es una famosa muletilla que contagia al auditorio y que posteriormente se convierte en una palabra más de su prontuario verbal, como una expresión sin sentido. Con el sólo hecho de estar diciendo algo deshonroso de alguien, ya estás maldiciendo. Así que vamos comprendiendo por qué tenemos una sola boca y dos de otros órganos (oídos, ojos). Escucha atentamente, observa con agudeza, pero elige callar antes que maldecir. Que tu boca sea utilizada para bendecir, guárdala de proferir maldiciones.

1.1.2. Murmuración. Proviene del latín *murmurare* y significa: dicho de las corrientes de las aguas, también del viento, de las hojas de los árboles, hacer ruido blando y apacible. Su significado etimológico nos indica que, generalmente, cuando vamos a hablar mal de alguien y estamos con otra persona, el tono de la voz disminuye. La murmuración corre como el viento y puede deshonrar con mucha facilidad la vida de alguien.

1.1.3. Queja. Viene del verbo quejar, expresar pena, dolor, lamentar, afligir. La persona quejumbrosa siempre encuentra lo malo, desagradable, el error de las personas, la vida y las circunstancias. La queja impide ver la grandeza del milagro diario de la vida, reemplaza la alegría por tristeza y empañará tu mirada, impidiendo ver lo bueno de la vida. Guarda tu boca de queja y agradece a Dios por tantos regalos recibidos.

1.1.4. Juzgamiento. La palabra juzgar proviene del latín *iudicare* (dictar un veredicto), derivada de *ius* (derecho, ley) y *dicare* (indicar) con *dicere* (decir).

Existen personas que se sienten con el derecho de juzgar la vida de otros por considerar que viven vidas moralmente correctas y es claro que, al juzgar, dictas un veredicto o una condena que sólo le pertenece a Dios, el único que juzga y el único que lo hace con justicia. Día a día, debido a la exteriorización de la concupiscencia humana, sin dominio propio, vemos diferentes circunstancias aberrantes y dolorosas como: homicidios, parricidios, infanticidios, suicidios, entre otros. No sé si demasiados "idios" te causan tanta conmoción como a mí, pero tengo claro que todos tendrán un juicio con el único juez justo y del cual ningún alma se escapará. Lo que sí está claro, es que ni esas circunstancias son la excusa perfecta para juzgar la vida de otros. Guarda tu boca de juzgar.

1.1.5. Burla. Este vocablo hace referencia a un ademán, acción, hecho, expresión o palabra que procura en hacer quedar en ridículo a alguien o algo. También puede ser un chiste o una ocurrencia graciosa y humorística que de manera subrepticia pretende avergonzar u ofender al otro. Proviene etimológicamente del latín *burrŭla* que quiere decir necedad. Es decir, que el burlador es un necio, quien es falto de inteligencia o razón.

1.1.6. Injuriar. Esta palabra viene del latín *iniuriare* y significa agraviar y ofender. Cuando estás ofendiendo a alguien e imputándole hechos deshonrosos, estás afectando su dignidad. Es dañar y menoscabar la honra de alguien, la estima de que goza en su familia o sociedad.

1.1.7. Calumniar. Procede etimológicamente del latín *calumnia* derivada del verbo *caluor* = engañar. Calumniar a alguien es atribuirle falsa y maliciosamente palabras, actos o intenciones deshonrosos, hechos que no cometió, es imputar falsamente un delito.

La injuria y la calumnia, en Colombia, se encuentran tipificados como delitos en el Código Penal, se pretende con esto cuidar y proteger la integridad moral de cada individuo, la cual comprende la dignidad humana y el honor. Es así como injuriar y calumniar, aparte de las implicaciones que puede traer para tu vida y las ataduras que pueden generarse por los dichos de la boca, pueden tener consecuencias legales.

1.4. Romper ligaduras almáticas. La palabra ligadura viene del latín ligatura y significa atadura o lazo (http://etimologias. dechile.net/?ligadura). Se denomina ligadura de alma a las diversas circunstancias vividas entre dos personas que hacen que sus almas se aten. Existen ligaduras que vienen de acuerdo a lo establecido por Dios, como, por ejemplo, la relación conyugal, indicando "...Por tanto, el hombre dejará a su padre y a su madre y se unirá a su mujer, y serán una sola carne". Preocupante si existen esposos que no son una sola carne, llevando un matrimonio en contra de la voluntad de Dios, el cual tarde o temprano terminará en divorcio o en una convivencia que será puerta abierta de amargura y un sinnúmero de situaciones. Una ligadura es sentir algo de esa otra persona en tu vida, una unidad o unión inexplicable que no se comprende con los sentidos físicos sino con el desarrollo de los sentidos espirituales. Pero también existen ligaduras en contra de la voluntad de Dios, las que se forjaron con lujuria, manipulación, coerción, control, brujería o hechicería, que pueden estancar la vida de quien las tiene, impidiendo su crecimiento espiritual y personal, dejando a un lado el cumplimiento del propósito de Dios en su vida. Estas últimas, tienen antídoto: oración de rompimiento e invocación de la sangre preciosa de Cristo Jesús, derramada en el madero por ti y por mí, el mayor sacrificio de amor de Dios Padre. El libro de Salmos 124:7-9 nos habla al respecto: "7. Nuestra alma escapó cual ave del lazo de los cazadores; se rompió el lazo y escapamos nosotros. 8. Nuestro socorro está en el nombre del Altísimo, que hizo el cielo y la tierra". Salmos 141:8-9. 8. Por tanto, a ti, Padre mío, miran mis ojos. En ti he confiado, no desampares mi alma. 9. Guárdame de los lazos que me han tendido y de las trampas de los que hacen maldad."

Existen ligaduras basadas en el amor ágape, aquel que es incondicional y que sólo busca el bienestar del ser amado, como por ejemplo, el amor entre padres e hijos, incluso hermanos.

Muchas personas han experimentado ligaduras del alma con sus padres, las cuales sólo se formaron por el amor, sus tiernos cuidados, compañía, consejos e invaluable consideración y respeto, y formaron lazos que, con los años, se convirtieron en sólidas cimientes de nuestra formación. Amor que continúa por la eternidad porque, aunque cierren sus ojos, sigue intacto, vivenciado desde otro nivel, porque el verdadero amor, nunca dejará de ser.

El amor ágape y eros entre la pareja. El amor eros está relacionado con la atracción física, el erotismo y la pasión, si solamente existe este amor en una pareja muy seguramente será una relación de corto plazo. Lo ideal es que la pareja tenga una fusión de los dos tipos de amor y así vivenciar de una manera integral éste. En los esposos se forma, porque el propósito de Dios en el matrimonio es que sean una sola carne, y el acto sexual liga almáticamente a todas las parejas. Pero todas las parejas que has tenido en tu vida no son las que Dios ha destinado para ti, pero las has tenido fruto del ejercicio del libre albedrío. (¿O no saben que el que se une a una ramera es un cuerpo con ella? 1 Corintios 6:16).

Sólo con un alma encontrarás este verdadero significado de "una sola carne", una ligadura almática nacida del verdadero amor. Pero debido al libertinaje que vemos en la actualidad, se han formado ligaduras que han afectado tu vida.

Por lo tanto, cuantas parejas sexuales hayas tenido en tu vida, cuantas ligaduras de alma tienes con éstas y es probable que sea la causa por la cual no has podido consolidar una relación de pareja en la actualidad. Aquellas que se establecieron con la persona equivocada, basados en la lujuria y no en el amor, deben de romperse para que cada uno, de manera libre, pueda encontrar la pareja que Dios ha destinado para su vida.

En diferentes experiencias de vida que he conocido, cuando aquellas almas se acercan a mi vida para ser escuchadas o para recibir mi opinión, privilegio que me han concedido, he comprobado que el acto sexual es el mayor conector almático, del cual muchos se arrepienten haber vivido, porque después de estar con determinada persona íntimamente, su vida cambió radicalmente y nunca volvió a ser igual. Ese tipo de ligaduras deben romperse porque estás llevando consigo una parte de la vida espiritual, emocional y herencial de esa persona. Obsérvate, recuerda cuando tuviste relaciones sexuales con una persona depresiva, irascible, manipuladora, con grandes conflictos emocionales y mentales. ¿Cómo empezaste a cambiar anímicamente? Y no es para menos, pues tales encuentros son la fuente de transmisión de espíritus y maldiciones. El espíritu de un homicida, de una persona que la maldición del suicidio y la depresión lo acompañan, se transmiten a causa del acto sexual (ésta no es la única causa de transmisión de espíritus). Es por esto que, pese al libertinaje que existe en la actualidad frente este tema, si conociéramos un poco más a fondo las consecuencias de estos encuentros íntimos, seguramente no se propiciarían. No en vano la vida de algunas celebridades nos deja grandes enseñanzas desde el ámbito espiritual. Vidas transformadas a través de tantas puertas abiertas a causa del libertinaje en todas las áreas: sexual, drogas, abuso de alcohol, etc., todo esto fruto del desconocimiento del mundo espiritual, que es tan real como el material.

2.6. LIBRE DE CULPABILIDAD. El sentimiento de culpa definido en la enciclopedia de la salud (http://www.enciclopediasalud.com/definiciones/sentimiento-de-culpa) como la vivencia psicológica que surge a consecuencia de una acción que causa un daño y que provoca un sentimiento de responsabilidad. También puede surgir por la omisión intencionada de un acto.

Este sentimiento se crea a través de diversas circunstancias de la vida, tales como: divorcio ocasionado por infidelidad u otras causales, maltrato psicológico o físico, abandono de los hijos, malas decisiones que trajeron consecuencias nefastas a tu vida, abortos y un sinnúmero de situaciones ya enunciadas cuando hablamos de la amargura.

Dentro de las diversas historias de vida que impactaron la mía, encuentro que quienes han perdido a sus seres queridos por causas trágicas, como los suicidios, han generado un sentimiento de culpa al considerar que eran responsables de la felicidad de esa persona y, de cierta manera, se auto condenan por dicha decisión, o peor aún, ante una sociedad llena de almas colmadas de juzgamiento ante los demás, no han faltado quienes insinúen o digan abiertamente que efectivamente lo hicieron por ellas.

Igualmente, el sólo hecho de la pérdida de un ser amado, constituye para muchos causal de culpabilidad en diferentes áreas. Han pasado los años desde que su ser amado se fue a la eternidad y sigue su corazón carcomido por los siguientes cuestionamientos: si no me hubiera ido de viaje tal vez no hubiera muerto, si yo le hubiera podido hablar y decirle lo agradecido que estaba por todo lo que hizo por mí, si… Supuestos que no implican que si los hubieras podido efectuar, esa persona estuviera hoy todavía acompañándote. Por eso, como ya lo leímos, primero debes de perdonarte a ti mismo antes que a cualquier otra persona. Perdona al que se fue sin despedirse, al que decidió acabar con su vida sin pensar en el dolor tan grande que te causaría. Perdona, porque en ese momento fue egoísta y no pensó en ti, ni en tus hijos, perdónalo ahora, aunque ya haya partido. Entiende que no fuiste responsable de su decisión y perdónate a ti mismo si consideras que aquel viaje, salida o aquel momento que lo dejaste, fue justo el momento en que partió. Tú no eres culpable de esa decisión. Entiende que ese ser amado tenía que irse (para quienes murieron por causa diferente al suicidio), que los ciclos de todos son diferentes y que el día y la hora sólo la conoce el Padre Celestial. Existen muertes prematuras, ya sea porque Dios decidió acortar sus días sobre la tierra, o porque la persona que busca el peligro, en él perece. Incluso, algunos convierten la muerte en juegos de azar o retos, uno de los más conocidos es el de la ruleta rusa, en donde se ponen una o más balas en el tambor de un revólver, lo coloca en su sien y presiona el gatillo. Qué tristeza que la única vida que Dios te dio termine trágica, prematura e intempestivamente, fruto del ejercicio de tu libre e irresponsable albedrío.

La culpabilidad puede generar en muchas personas psicosomatización de sus emociones. (https://es.wikipedia.org/wiki/Psicosomatismo). El psicosomatismo es un proceso de origen psíquico que tiene influencia en lo somático, en lo corpóreo. El cuerpo refleja lo que sus emociones contenidas en su alma, tiene acumuladas, de ahí la importancia de cuidar el alma a través de las diversas etapas que hemos visto.

La medicina reconoce la importancia de los procesos emocionales en la aparición y desarrollo de algunas enfermedades, pero este proceso es difícil de cuantificar y precisar por depender de factores y variables difíciles o imposibles de estudiar con el método científico. Así que, ante cualquier dolor o sintomatología que tengas en tu cuerpo, acude al médico, una vez descartado un diagnóstico clínico, por favor revisa muy bien lo que se encuentra depositado en tu alma para tomar decisiones.

Ejemplos de algunos procesos psicosomáticos son: (fuente https://psique-psicologosevilla.es/enfermedades-psicosomaticas/)

✓ Problemas genitales, de ovarios o útero: Sentimientos de culpa por abortos o vida sexual insatisfecha.

✓ Alcoholismo: Vacíos afectivos y necesidad de huir de la realidad.

✓ Infarto, hostilidad, ira: Sentir cólera de forma continuada, dicen numerosos estudios médicos que aumentan los riesgos de sufrir un accidente cardiovascular. La cólera moviliza la energía y prepara el cuerpo para la acción (acelerando la frecuencia cardiaca, el ritmo respiratorio, subida de temperatura).

✓ Dolor de cabeza: Exceso de responsabilidad, ansiedad. Los tipos de dolores de cabeza más comunes probablemente son causados por tensión muscular en los hombros, el cuello, el cuero cabelludo y la mandíbula.

✓ Dolor de espalda, mareos, vértigos: Miedo a la locura. El estrés emocional es uno de los mayores causantes de dolores, vértigos y mareos. Si éste es tu problema, necesitas aprender a contener, a retener, y así calmar tu miedo irracional a "perder la cabeza".

✓ Dolor de estómago: Dificultad para poder sentir, emocionarse. Se dice que el primer cerebro es el cerebro visceral, ése que tiene que ver con lo instintivo, con nuestra parte animal. Son personas muy controladas, con mucho miedo a sentir, a escuchar su cuerpo. Si no estás familiarizado con tu dolor, tu rabia, tu alegría, tu miedo, cuando sientes, se te indigesta y no puedes tolerar lo que sientes.

✓ Fibromialgia: **Incapacidad para poner límites.** Existe una clara necesidad de aprender a poner límites, de generar autoconfianza y seguridad en sí mismo. De empoderarse, la única forma que encontraste para defenderte en la vida es tensando tu cuerpo, hasta el punto de no sólo tensar tu musculatura, sino también el tejido conjuntivo (tejido que establece conexión con los otros tejidos y sirve de soporte a diferentes estructuras del cuerpo; es un tejido rico en fibras y de abundante sustancia intercelular). Éstas son las tareas pendientes de quien padece de esos terribles dolores incapacitantes para el día a día. Aprende a relajar tu cuerpo y adquirir nuevas estrategias para defenderte.

2.7. HACER AYUNOS INFORMÁTICOS. Muy seguramente, si este libro se hubiera escrito años anteriores, no hubiera surgido esta imperiosa propuesta. Si anhela cuidar su alma debe aprender a desconectarse. ¿Ha cuantificado el tiempo que pasa viendo los videos, mensajes y chats que el actual auge de los avances tecnológicos nos ofrece? ¿Cada cuánto actualiza Facebook, Instagram y otros, con la última selfie? Es mucho el tiempo perdido mientras usted decide clasificar si el video fue interesante o no, ya invirtió tiempo valioso en revisarlo, el cual nunca podrá recuperar, a esto podemos sumar que se pueden recibir aproximadamente 1000 videos y mensajes por año compartidos a través de sus teléfonos personales. Esta nueva adicción es denominada "nomofobia", el término proviene del anglicismo "nomophobia" (no-mobile-phone-phobia), la cual consiste en la dependencia al celular o pánico por estar sin él. Su padecimiento causa síntomas similares a las que producen la adicción a las drogas: ansiedad, taquicardia, pensamientos obsesivos, dolor de cabeza, de estómago y necesidad de estar revisando constantemente el móvil. Un estudio del porcentaje de personas que lo padecen fue realizado por la empresa Securenvoy, publicado en el diario El Heraldo, en donde indica que el 66% sufre de "nomofobia", siendo mayor el número de hombres que la padecen y las mujeres, quienes sienten mayor ansiedad a perder su celular. Un 75% usa el celular en el baño (es decir que ya es un problema de salud pública), se destaca que son más propensos a su padecimiento el grupo poblacional denominado "nativos digitales", quienes nacieron después de los 80.

Igualmente, muchos pueden empezar a sufrir síndrome de abstinencia al no poder consumir datos porque su capacidad adquisitiva no se los permite. En la definición proporcionada por Wikipedia se conceptúa como el miedo irracional a salir de casa sin el teléfono móvil. Y, a decir verdad, muchas personas se devuelven de su casa, así vayan retrasados a su trabajo, porque se dieron cuenta que dejaron su móvil. En publicación efectuada por la página https://psicologiaymente.net/clinica/nomofobia-adiccion-telefono-movil, se precisó:

EL PRIMER ESTUDIO SOBRE "NOMOFOBIA"

Muchos expertos hablan de la "nomofobia" como **la nueva enfermedad del siglo XXI**. Los estudios sobre este fenómeno se iniciaron en 2011 en Reino Unido, con una investigación realizada por la **Oficina de Correos de Reino Unido** y el **Instituto Demoscópico YouGo**.

El estudio contó con 2.163 sujetos y los datos revelaron que el 53% de los usuarios de teléfonos móviles en el Reino Unido sienten ansiedad cuando se agota la batería de su teléfono móvil, lo pierden o se quedan sin cobertura. El estudio también reveló que el 58% de los hombres y el 48% de las mujeres sufren este trastorno.

También concluyó que los niveles de estrés que presentaban las personas con "nomofobia" eran equiparables al que puede tener una persona el día antes de su boda. Además, el 55% de los participantes manifestó sentirse aislado cuando no disponían del celular.

¿Cómo es una persona con "nomofobia"?

Son muchas las personas que sufren dependencia del teléfono móvil y están conectadas las 24 horas. Los expertos piensan que el perfil del "nomofóbico" es el de una persona que tiene poca autoconfianza en sí misma y baja autoestima, con carencia de habilidades sociales y de resolución de conflictos y que en su tiempo de ocio sólo usa el móvil y parece incapaz de disfrutar sin él.

En cuanto a la edad, este trastorno es más habitual en adolescentes, pues tienen más necesidad de ser aceptados por los demás y están más familiarizados con las nuevas tecnologías.

Así las cosas, desconectarnos del celular y decidir hacerle frente a este fenómeno universal, es un elemento importante para el cuidado del alma, deja espacio para el silencio, para no estar abrumados con lo externo, para escuchar al otro, a quien tiene necesidad de un consejo, para disfrutar de un viaje, del mar, del cielo, de la sonrisa y vida de nuestros hijos, de la cotidianidad. Silencia todo lo externo, busca la paz.

2.8. CUIDA LO QUE ESCUCHAS. El oído es determinante en el mundo espiritual y, así como está diseñado, todo lo que por él ingresa, genera un alimento (espiritual), que permanece. La función del oído en el mundo físico es transmitir los sonidos al cerebro a través de sus distintas partes: el oído externo, el oído medio y el oído interno.

La tarea principal es detectar, transmitir y convertir los sonidos en impulsos eléctricos. Otra función importante es mantener nuestro sentido del equilibrio.

Debemos estar prontos para oír y tardos para hablar (Santiago 1:19). Hay enseñanzas que nos hacen divagar de las razones de la sabiduría y a éstas hay que apartar. No toda enseñanza es sabia, no todo lo que tantas doctrinas indican son verdad ni nos llevan al camino recto (Proverbios 19:27). El oído es un receptor tanto de cosas buenas como malas, por eso debemos estar atentos a lo que escuchamos porque, si esto no es palabra de sabiduría que edifica, pervertirá nuestra forma de pensar y por ende nuestro comportamiento (recordemos que lo escuchado ingresa al cerebro-pensamiento). He ahí la importancia de apartarnos de malas conversaciones entendidas como las que dan cabida a la murmuración, la crítica, el juzgamiento, la queja, la burla, porque terminarán corrompiendo o dañando tus buenas costumbres, llamando bueno a un comportamiento reprochable, es decir, si las permites, alejarás los sentimientos de bondad de tu vida, excusándote en que hablas sólo la verdad. Recuerda que el único que juzga es Dios. (1 Corintios 15:33; Isaías 5:20).

2.8.1. LA MÚSICA ES DETERMINANTE. La música determina tu estado anímico, así que elige muy bien qué vas a escuchar, porque lo que ingresa por el oído, afecta tu vida. Es así como la página www.healthychildren.org/la, publicó un estudio respecto de la música y el estado de ánimo. Concluyó que la terapia musical no sólo es aceptable para los pacientes deprimidos, sino que, en realidad, ayuda a mejorar sus estados de ánimo. Igualmente, afirmó que es útil para ayudar a pacientes con enfermedades médicas graves como el cáncer, quemaduras de tercer grado y esclerosis múltiple, que también están deprimidos. Así mismo, indicó que la música tranquilizante de fondo puede reducir significativamente la irritabilidad y promover la calma en pacientes en asilos de ancianos con demencia. Reduce los niveles de la hormona del estrés. Finaliza aconsejando que elija su música tan cuidadosamente como sus amigos.

Nuestros hijos deben crecer escuchando palabras de bendición, palabras de edificación, las cuales ayudarán a fortalecer su autoestima, a desarrollar sus aptitudes y a construir comportamientos emocionalmente adecuados a cada situación de la vida que se le presenten, palabras totalmente desconocidas en las letras de los géneros musicales actuales.

2.8.2. LA TELEVISIÓN QUE CONTAMINA. Si bien es cierto para muchos es su entretenimiento, haz todo lo posible para que no sea el único, no sea que se convierta en el mayor distractor e intruso de las relaciones familiares. En muchas ocasiones es tal la inmersión en los programas, que hablamos sin mirar a nuestros principales interlocutores, nuestra familia. En un estudio realizado por el psicólogo infanto juvenil Ariel Garay, de la Universidad Gabriela Mistral, publicado en la página web www.facemamá.com, y consultado en marzo de 2018, se precisó lo siguiente:

"La televisión enseña y modela conductas, por lo tanto, es una fuente de aprendizaje para cualquier persona". Además, advierte que este medio está jugando un rol protagónico en la formación de hábitos de los niños, tanto de buenas como de malas conductas.

Muchos padres no saben qué están viendo sus hijos, ya sea por trabajo, falta de tiempo o simplemente debido a que no les interesa. Sin embargo, deben estar atentos a la influencia de la televisión en los niños, ya que, como explicó el especialista, la TV muchas veces enseña que la violencia es usada por personas a las que se les dan características positivas. ¿Conoces qué enseñanzas brinda a tu hijo ese otro "profesor" en casa?

Cuando los niños pasan mucho tiempo frente a la pantalla, les puede traer problemas, señala el psicólogo. "Mirar televisión excesivamente les quita espacios de aprendizaje y tiempo para poder interactuar. En ocasiones, dependiendo de los contenidos, puede generar ansiedad, temores e incluso depresión. De la misma forma, puede alterar los hábitos del sueño y favorecer el sedentarismo y la obesidad".

En edad preescolar y escolar, los niños se ven demasiado modelados por el tipo de contenido y programas que ven en la pantalla. Es por eso que se recomienda que un preescolar no vea más de 1 hora de televisión, mientras que los niños más grandes, como máximo, **2** horas.

Lo anterior aplica para el uso de celulares, como ya lo enunciamos ampliamente, consolas como: Wii, Play, Xbox, Nintendo, entre otros, que han alejado a nuestros niños del juego físico, de la interacción personal con amigos, de cultivar amistades verdaderas, por darle prioridad a lo virtual, al sedentarismo, generando adicciones y hábitos negativos, por lo que hoy, más que nunca, necesitamos escuela de padres para hacerle frente a la era virtual y así brindar opciones de vida diferentes a nuestros niños, algunos nativos virtuales.

2.9. EL DESCANSO PARA TU ALMA. Cuando un sinnúmero de emociones parece estallar en nuestro corazón, poca o ninguna explicación encontramos para nuestra situación, acudes a diversas ayudas terrenales consideradas como opciones de solución, las cuales podrían ser: el licor para "ahogar las penas y fracasos" con el fin de evadir las circunstancias que te rodean. Entiéndase que éste se denomina consumo de droga lícita al igual que el tabaco; o tal vez, un nuevo amor que quieres que te haga olvidar inmediatamente el verdadero que tienes anclado en tu corazón. Compras compulsivas de cosas innecesarias para llenar vacíos e insatisfacciones; el excesivo trabajo para obtener vanagloria y reconocimiento personal y profesional; el consumo de sustancias psicoactivas que pueden ser naturales como el cannabis, o sintéticas como las anfetaminas, el éxtasis, Eva o MDEA, speed, poopers, polvo de ángel, éxtasis líquida, éxtasis vegetal, ketamina, generalmente derivados de anfetamínicos. Algunas son alucinógenas, depresoras o estimulantes, todas generan cambios conductuales, euforia, desinhibición, siendo tan fuertes sus efectos, que en algunos casos han terminado con la muerte de quienes las consumen.

Otras personas tienen su escape en la ludopatía, entendida como la inclinación patológica a los juegos de suerte y azar. En el fondo todas esas "salidas" son mecanismos de escape emocional, fingiendo obtener temporalmente lo que en la cotidianidad es una quimera: paz y sosiego para tu alma.

Cada uno debe reflexionar detenidamente con el fin de descubrir cuál es la suya, si es que la tiene y empezar a trabajar en ello, algunos determinarán no continuar con esa conducta, siendo ésta un buen uso de su libre albedrío, otros, en cambio, necesitarán ayuda profesional y espiritual para salir de ellas, pero todas tienen solución.

Cuando descubres que nada de lo externo y de las posibles soluciones a tus problemas han traído resultados positivos, cuando te das cuenta que ese gigantesco vacío, dolor, soledad, sensación de una vida sin propósito y todas las diversas sintomatologías que aquejan tu vida, las llenará únicamente el Dios del Cielo, nuestro Padre Eterno, cuando reconoces que nuestra alma tiene hambre y sed de Dios, anhela conocer de Él y empiezas a abrir las puertas de tu corazón para que entre, ahí empieza tu renovación, tu cambio, tu verdadera felicidad, el gozo inexplicable por la certeza que empiezas a tener de que si estás aquí, es porque hay un plan perfecto para ti. Él es el salvador de ese aparente callejón sin salida que vives, conocerás que te ha esperado pacientemente por años, como un Padre.

2.10. IDENTIFICA TU PROPÓSITO. Conscientes que nuestra vida en la tierra es un soplo, así vivamos 80 años, comparados con una eternidad, son un instante, debemos preocuparnos porque nuestros días en la tierra transcurran sabiamente, cuidando cada día sigilosamente como importante y determinante en el cumplimiento de tu plan. El propósito de vida le imprime sentido a nuestra existencia, estás aquí por una razón específica, tú eres fruto de un propósito de Dios, no del olvido de tu mami en el método anticonceptivo. Es importante centrarnos en ello y definir claramente para qué naciste, qué te hace único e irrepetible, lo cual considero una necesidad humana básica para vivir una vida con sentido, con enfoque, construyendo tu plan.

En el día a día, el altísimo nivel de ocupación laboral, personal y muy terrenal, nos desvanece la posibilidad de tener claridad del porqué fuimos creados. Por eso es importante hacer un alto en tu camino, detente e invierte tu tiempo y energía en conocer el propósito de tu vida, éste sí que es un gran proyecto, para eso debes despojarte de toda necesidad de aprobación externa, de egocentrismo y concentrarte en hacer un recorrido desde tus primeros años de vida, cuáles eran tus sueños y metas, con aquello en que soñabas con vehemencia. ¿En eso te ocupas hoy?, ¿en eso te convertiste?, ¿inviertes tu tiempo en una actividad que te llena y te hace feliz?, o ¿simplemente vas porque necesitas la remuneración? Revisa detenidamente tus habilidades, qué aptitudes tienes que te hacen diferente a los demás, aquello que haces que los demás deben esforzarse en realizar y para ti es algo natural. Algunas preguntas debes formularte para descubrirlo, como por ejemplo:

¿Cuál es la verdadera pasión en tu vida? ¿Qué te motiva? ¿Qué es aquello que harías sin recibir remuneración por ello?

¿Qué admiran los demás de ti? ¿Para qué te buscan frecuentemente? ¿Qué resultados obtienes o qué efecto produce en los demás lo que recibieron de ti?

Descubre el regalo que te fue entregado, disfrútalo y comparte con otros tu don divino para edificar y ayudar a quien lo necesite. ¿Ya sabes cuál es?

Existen propósitos que nos competen a todos, siendo el más trascendental, dar AMOR, el cual es un mandato de Dios que nos exhorta a permanecer en Él, éste es el fin inicial y último de nuestra existencia, es el motor que nos permitirá crecer y sentirnos realizados, es el que nos faculta para madurar espiritual y emocionalmente, es la base fundamental de toda interacción humana. Es imposible dar amor si en tu corazón existe raíz de amargura, te invito a que revises nuevamente el cuidado del alma para que puedas determinar qué está impidiendo que seas instrumento de Dios para dar amor; tal vez sean heridas, celos, dolor, falta de perdón, envidia, ataduras, ligaduras del alma con la persona equivocada. Analiza detenidamente y decide arrancar definitivamente ese obstáculo, revisa tu autoestima porque si no te ves como un ser humano valioso que puede recibir amor de los demás, difícilmente puedas darlo a otros.

En el siguiente decálogo resumo los elementos que considero importantes para el cuidado del alma.

DECÁLOGO DEL CUIDADO DEL ALMA

1. Reconcíliate con tu Creador. No tardes en iniciar la búsqueda de Dios.

2. Perdona 70 veces 7 todo el mal que te han hecho.

3. Pide perdón si has errado, aliviana tu carga.

4. Concientízate que tus días están contados, sé sabio para vivir.

5. Desarraiga de tu corazón toda amargura, ésta envenena el alma.

6. Agradece a Dios todo lo que te regala diariamente.

7. Busca la paz, persíguela.

8. Ejercítate en el silencio, es una terapia para el alma.

9. Aprende a alabar a Dios. Te sentirás ciudadano celestial.

10. Refrena tu boca del mal, guardarás tu alma de angustia.

CAPÍTULO 3.
MANUAL PARA EL CUIDADO DE LA MENTE

La palabra mente es un término psicológico y el cerebro es un término fisiológico. La mente es el órgano del hombre que está equipado para: **Pensar, imaginar, conocer, recordar** y **entender**. https://poderdelapalabra820.wordpress.com/2014/05/02/la-mente-y-sus-diferentes-estados-de-acuerdo-a-la-biblia-por-eliezer-diaz/.

Y es en ésta, donde se han tejido grandes proyectos e ideas, se han llevado a cabo hazañas inimaginables y se han hecho significativos aportes a la humanidad, como: descubrimientos científicos, cambios económicos y desarrollo social, pero a su vez, también allí se han tejido los grandes crímenes y genocidios, los aberrantes infanticidios y demás tragedias que han enlutado el alma de millones de personas alrededor del mundo.

A su vez, el cerebro es el órgano más complejo del cuerpo humano. Tiene unos treinta billones de células llamadas neuronas, y cada neurona es como una computadora en miniatura, aunque mucho más perfecta que cualquiera de las que conocemos en la actualidad.

Considerando la cantidad de conexiones que se producen entre las neuronas, obtendríamos, en capacidad, todos los textos contenidos de todas las bibliotecas que hay actualmente en el mundo. Asombroso, ¿verdad?

La capacidad de cómputo del cerebro, tomando la sinapsis como un código binario de información, sería del orden de los 100 millones de megabits.

Sin embargo, y pese a su gran capacidad, el cerebro es nada más que un órgano material, perfecto en su estructura y función, pero reducido en comparación a otros aspectos del hombre, se llamen como se prefiera: energía o alma, porque ningún científico puede dejar de reconocer que el sólo funcionamiento de las neuronas es insuficiente para explicar las posibilidades de expansión que tiene el ser humano. Así se afirmó en el artículo Cerebro - Mente - Conciencia, publicado en la página http://filosofia.nueva-acropolis.es/2011/cerebro-mente-conciencia.

Analizado lo anterior, es evidente que poseemos una gigantesca máquina otorgada por el Creador, de la cual también nos habla la palabra de Dios, en donde se enuncian diferentes estados, mencionados a continuación:

3.1. LA MENTE CARNAL. La palabra carne viene del latín caro, carnis, en su forma de acusativo carne, por lo que se ve, es un vocablo muy conservado desde hace 1800 años, aproximadamente, y no ha mutado su significado, pues ya en el mismo latín tenía su doble ámbito de parte muscular del cuerpo, así como la parte material del hombre que incita a la lascivia. (*etimologias.dechile.net/?carne*).

Una mente carnal es aquella que está meditando constantemente en su propia concupiscencia, entendida ésta como la tendencia de cada hombre al mal, a llevar a cabo las obras de la carne. Siendo diferentes entre unos y otros, porque para algunos su concupiscencia se basa en el desorden de su lascivia e inmoralidad sexual, para otros puede ser el obtener riquezas a cualquier precio, aceptando para esto un sinfín de propuestas que logren su objetivo, para algunos puede estar en obtener fama y poder.

Esta mente está gobernada por sus propios apetitos y no por el Espíritu de Dios. Una persona que tiene esta mentalidad le cuesta conectarse con la voluntad de Dios y no agrada al Padre.

"Porque los que son de la carne piensan en las cosas de la carne; pero los que son del Espíritu, en las cosas del Espíritu. Porque el ocuparse de la carne es muerte, pero el ocuparse del Espíritu es vida y paz" (Romanos 8: 5 – 6).

3.2. LA MENTE CORROMPIDA. La palabra corrupción viene del latín corruptio (acción y efecto de destruir o alterar globalmente por putrefacción, también acción de dañar, sobornar o pervertir a alguien), compuesto con el prefijo con- (junto, globalmente) que cambia a cor- por asimilación, cuando está junto una raíz que empieza con r-corrupción. (Diccionario etimológico *etimologias.dechile.net/*).

Podríamos decir que el fruto de los pensamientos de una mente corrompida es que son putrefactos, torcidos, dañados, es una lucha permanente entre no hacer lo que piensan pues es de continuo el mal, son abominables y rebeldes, reprobados en cuanto a toda buena obra, es por esto por lo que proverbios nos afirma que el de mente corrompida jamás prosperará. (**Proverbios 17:20**).

"Todas las cosas son puras para los puros, más para los corrompidos e incrédulos nada les es puro; pues hasta su mente y su conciencia están corrompidas". (Tito 1:15).

3.3. LA MENTE ENTENEBRECIDA. La palabra entenebrecido viene del latín in (en) y tenebrescĕre (oscurecer), que significa: Hacer que algo sea o parezca lóbrego, oscuro, triste, tenebroso, lleno de tinieblas. (https://es.wiktionary.org).

Estas personas tienen la oscuridad de todo aquel que no tiene a Dios en su corazón, por tanto, tiene corazón insensible, ni su conciencia les habla cuando cometen actos de maldad.

"Entenebrecidos en su entendimiento, excluidos de la vida de Dios por causa de la ignorancia que hay en ellos, por la dureza de su corazón, y ellos, habiendo llegado a ser insensibles, se entregaron a la sensualidad para cometer con avidez toda clase de impurezas." (Efesios 4:18).

3.4. LA MENTE VANA. La palabra vanidad viene del latín vanitas, *vanitatis* (cualidad de lo vano, pura apariencia, fraude, presunción de que se posee algo cuando el interior está vacío). El vocablo se deriva del adjetivo vanus (vano, hueco, vacío) de donde proceden también vano, desván, desvanecer o hilván. (etimologias.dechile.net).

En este tipo de mente se refleja la falta de propósito, el divagar sin sentido, sin norte, la característica de estar vacío. Sin la iluminación del Espíritu de Dios, la senda del hombre es carente de valor o de realidad.

"Esto, pues, digo y requiero en el Señor: que ya no andéis como los otros gentiles, que andan en la vanidad de su mente" (Efesios 4:17).

3.5. LA MENTE CAUTERIZADA. La palabra cauterio (instrumento candente usado para sellar una herida) viene del griego *Kauterion*, compuesto con el verbo *Kaio*=yo quemo y el sufijo *terion*=conjunto, lugar donde se hace la acción. *(etimologias. dechile.net).*

Este tipo de mente está cerrada y endurecida como efecto de la cauterización como método empleado para cerrar heridas, generalmente se origina en personas habituadas a la mentira y para quienes la indiferencia de hacer bien o mal ha llegado a su límite. La crueldad dirige sus vidas, siendo un ejemplo de éstos los asesinos en serie.

"Que con hipocresía hablarán mentira, teniendo cauterizada la conciencia"(1 Timoteo 4: 2).

3.6. LA MENTE REPROBADA. La palabra reprobar viene del latín reprobare y significa: dar por malo, sin probar. Sus componentes léxicos son: el prefijo re (hacia atrás, rechazo) y probare (ensayar, examinar, comprobar) (*etimologias.dechile.net*).

La mente reprobada es aquella que no pasó o no soportó la prueba delante de Dios, por lo tanto, fue rechazada. La característica de una mente reprobada es que hace todo lo contrario a la voluntad del Padre. El de mente reprobada no cree en Dios, ni lo reconoce como creador de los cielos y la tierra, no lo considera digno de ser alabado, por lo tanto, son incapaces de discernir el bien. Las principales fortalezas de una mente reprobada son:

1. Injusticia.
2. Fornicación.
3. Perversidad.
4. Avaricia.
5. Maldad.
6. Llenos de envidia.
7. Llenos de Homicidios.
8. Llenos de contiendas.
9. Llenos de engaños.
10. Llenos de Malignidades.
11. Murmuradores.
12. Detractores.
13. Aborrecedores de Dios.
14. Injuriosos.
15. Soberbios.
16. Altivos.
17. Inventores de males.
18. Desobedientes a los padres.
19. Necios.

20. Desleales.
21. Sin afecto natural.
22. Implacables.
23. Sin misericordia.

Los de mente reprobada, además de realizar lo enunciado anteriormente, se complacen con quienes practican tales cosas.

3.7. LA MENTE ESPIRITUAL. La palabra espiritual viene del latín *spiritualis* y significa: relativo al espíritu. Sus componentes léxicos son: *spíritus* (alma).

La mente espiritual es aquella que piensa, medita y utiliza todas sus capacidades mentales para las cosas del Espíritu de Dios, su bondad, su grandeza, su magnificencia y en la hermosa sabiduría plasmada en su palabra. Las características de una mente espiritual son:

1. Pensamientos de paz y de bien.
2. Entendimiento del propósito de Dios para tu vida.
3. Meditación permanente en la palabra de Dios.
4. Pensamientos de amor y bondad hacia los demás.
5. Sabiduría e inteligencia espiritual.
6. La mente está bajo el control y dominio del espíritu del hombre (parte inmaterial del ser que se conecta con Dios) y éste a su vez del Espíritu de Dios.
7. Todas sus capacidades mentales trabajan en libertad y sin dificultad.
8. Quien posee mente espiritual reflejará en su actuar: bondad, amor, gozo, paz, paciencia, benignidad, fe, mansedumbre, templanza.

"Porque los que son de la carne piensan en las cosas de la carne; pero los que son del Espíritu, en las cosas del Espíritu" (Romanos 8: 5).

3.8. ACEPTA EL RETO DE RENOVAR LA MENTE. *² No os conforméis a este mundo; más bien, transformaos por medio de la renovación de vuestro entendimiento, de modo que comprobéis cuál sea la buena voluntad de Dios, agradable y perfecta"* (Romanos 12: 2).

Es imperativo en este mundanal ruido cultivar una vida espiritual a través de la práctica de sana doctrina, por eso la mente, como motor que impulsa nuestro actuar, la cual se encuentra en el alma, necesita de renovación permanente con el fin de experimentar una transformación. El texto anterior contempla 2 principios fundamentales para experimentar una transformación y son los siguientes:

3.8.1. ¡NO CONFORMARSE! Haz un alto en el camino y diagnostica todos los pensamientos tóxicos que albergas en tu mente y que han impedido tu crecimiento espiritual, revisa qué porcentaje del estilo de vida de este mundo, afecta tus pensamientos. Actualmente se rinde homenaje a quien tiene un estilo de vida alejado de los preceptos de DIOS, independientemente de su propósito, lleno de orgullo y vanidad, vanagloriosos, llenos de odio y egoísmo en su corazón.

La palabra conformarse es una acción que viene de conformar (ajustar, concordar una cosa con otra, ser de la misma opinión; aceptar sin protestar algo que pueda considerarse malo e insuficiente). Cuando las personas tienen años padeciendo situaciones difíciles, el problema no es la circunstancia sino el conformismo y adaptación a vivir así, hasta convertirse en normal. No permita habituarse a determinados parámetros de pensamiento del mundo tóxico actual.

3.8.2 ¡RENOVARSE PERMANENTEMENTE! Tener una determinación de cambiar nuestros patrones de pensamiento (paradigmas), priorizando por los más tóxicos, tener una actitud de aprendizaje continuo, significa renovación. Renovar es realizar cambios, reemplazar un pensamiento tóxico por uno nuevo que edifique tu vida. Debemos cambiar nuestras pautas de pensamiento antiguos por unos que sean sabios, constructivos, que alimenten el alma, que te rejuvenezcan, que te permitan cambiar tu vida de una manera asertiva.

La transformación que anhela en su vida va a empezar en el momento que decida llevarla a cabo por medio de escuchar día a día lo que Dios quiere decir a su vida. Sin embargo, encontré en mi estudio permanente de la palabra de Dios, una enseñanza judía valiosa que puede constituir una herramienta importante en este proceso de renovación mental, denominada: cinco segundos para cambiar tu vida.

La regla de 5 segundos para la transformación espiritual
Sólo necesitas cinco segundos para cambiar tu vida.
por Sara Debbie Gutfreund página aish latino.com

Cuando sonaba el despertador, lo único que Mel Robbins sentía era pavor. No quería enfrentar el día.

Apretaba el "snooze" una y otra vez hasta que se arrastraba fuera de la cama. No tenía dinero, estaba exhausta y su matrimonio se desmoronaba. Se sentía atrapada y su escape era dormir lo máximo posible y beber demasiado. Cuanto más pensaba sobre su vida, más temía hacer algo. Incluso lo más sencillo, como levantarse para preparar el desayuno a sus hijos, le resultaba difícil.

Todas las noches se prometía a sí misma que el día siguiente sería diferente. Que se levantaría más temprano, tendría una mejor actitud, sería más amable con su marido, iría al gimnasio. Pero a la mañana siguiente, cuando sonaba el despertador, sus viejos temores reaparecían y volvía a presionar "snooze".

Una noche, después de un par de tragos, Mel vio un comercial que mostraba el lanzamiento de un cohete. "¿Por qué yo no puedo hacer eso?", pensó. "Lanzarme como un cohete... 5-4-3-2-1..." A la mañana siguiente, en lugar de apretar el "snooze", contó: 5-4-3-2-1 y se puso de pie. Saltó de la cama por primera vez en meses. Utilizó la misma cuenta regresiva al otro día, y el siguiente. Luego comenzó a reconocer a lo largo del día momentos en los que tenía un impulso instintivo para mejorar su vida, como ventanas de cinco segundos en las que se podía empujar hacia adelante.

Usó la regla de cinco segundos para ir al gimnasio, para beber menos, para buscar un trabajo y para mejorar su matrimonio. Desde entonces, les enseñó la regla a miles de personas, ayudándolas a lograr cambios impresionantes en sus vidas. Hoy, Mel posee una empresa multimillonaria, enseña la regla de los cinco segundos en todo el mundo y es una exitosa autora de libros.

Mel dice: *"La Regla no hace que las cosas sean más fáciles. Hace que las cosas ocurran".* La base de la regla es que en el momento en que tienes un impulso instintivo para actuar hacia un objetivo, debes moverte físicamente en menos de cinco segundos o tu cerebro te detendrá. 5-4-3-2-1 ¡Ahora! Cuando comiences a dudar antes de hacer algo que sabes que deberías hacer, cuenta: 5-4-3-2-1 y actúa. Hay una pequeña ventana de tiempo entre el momento en que tienes un impulso para cambiar y el momento en que tu cerebro lo detiene. Si sigues el impulso antes de que tus excusas te superen, puedes evitar que tu mente te bloquee. Simplemente comienza a contar mentalmente hacia atrás: 5-4-3-2-1.

Simple, pero no fácil. La cuenta te ayuda a enfocarte en tu objetivo y te distrae de las excusas de tu mente. Pero si no actúas dentro de los primeros cinco segundos, tu cerebro destruirá el impulso. Cuenta hacia atrás y HAZLO. Haz algo. Habla en la reunión. Ponte los zapatos. Calla el insulto que estabas a punto de decirle a tu pareja. Envía el email a ese cliente potencial. Haz algo relacionado con tu objetivo.

"Esas ventanas de cinco segundos, como yo las llamo, son los momentos críticos entre cambiar tu vida y permitir que tu cerebro te detenga", escribe Mel Robbins. *La ventana de cinco segundos puede cambiar el hábito más pequeño, pero también puede llevar a algunas de las elecciones más importantes de nuestra vida. Cuando miramos hacia el pasado, podemos ver que esas ventanas de oportunidad precedieron cambios masivos en el mundo. Rosa Parks tomó en cinco segundos la decisión de no ir a la parte trasera del autobús, y dio inicio al movimiento por los derechos civiles. Cuando Ron Lauder, del imperio de cosméticos Estee Lauder, regresó de su servicio como embajador en Austria, sintió todo el peso del crecimiento del antisemitismo y aprovechó esa ventana de oportunidad para comenzar su organización filantrópica dedicada a reconstruir las devastadas comunidades judías de Europa Central y Oriental. El Sr. Lauder continúa hablando en contra del antisemitismo y de la propaganda anti-Israel. Sin dudas. Sin inseguridad.*

Es necesario empezar inmediatamente con la renovación de nuestros pensamientos. Para desarraigar parámetros de pensamiento anclados en nuestra mente a través de los años de nuestra existencia, la regla de los cinco segundos es un gran instrumento aunado a las promesas y verdades de Dios escritas en su palabra, determinando en uso de tu libre albedrío que quieres realizar ese cambio. Reemplazando toda palabra de temor por fe, nuestra mente se irá equilibrando y enfocando en un propósito claro. Otra forma de renovar nuestra mente es memorizar los versículos bíblicos, los cuales serán los nuevos pensamientos en que meditarás y de los que llenarás con sabiduría tu nueva forma de hablar y expresarte, dejando atrás pensamiento de temor, desasosiego, incredulidad, toda amargura, celos y envidia.

El Apóstol Pablo nos insta a renovar nuestra mente para así conocer cuál es la voluntad de DIOS que es perfecta y agradable. Por lo tanto, si no la renovamos, difícilmente conoceremos cuál es la voluntad de Dios para nuestra vida.

La renovación de nuestra mente nos traerá los siguientes beneficios:

1.- Un cambio de vida. Con pensamientos nuevos, cambia nuestra forma de comportarnos, de actuar, de enfrentar el día a día y necesariamente de hablar, nuestro lenguaje tendrá el fruto de la sabiduría, de palabra que edifica y ésta es un alimento para la vida. La palabra es espiritual, es vida. No la vemos, pero transforma. Al empezar tu cambio y transformación necesariamente también lo harán las circunstancias y personas que te rodean. Eres un motor para las almas cercanas, con quienes compartes este capítulo transitorio de vida, eres motor de cambio para tus hijos, esposo, padres, hermanos, amigos.

2.- El conocimiento de la voluntad de Dios en tu vida. Entendiendo que la voluntad de Dios tiene tres características extraordinarias: Es buena, agradable y perfecta. Es decir, lo contrario a la voluntad de Dios es malo, lo que no edifica tu vida. Lo desagradable, que roba la paz, que turba el corazón, que no trae alegría para ti, ni gozo que viene de lo Alto. Lo imperfecto, lo que no sucede en el momento justo, sino antes o después, con presiones, forzando circunstancias, personas, bajo manipulación para que suceda, esto **no** es la voluntad de Dios para tu vida. La perfecta voluntad de Dios no traerá aflicción ni tristeza a tu vida.

3.- Una vida de libertad espiritual. Un pensamiento constante, destructor, turbulento, que hace daño es un yugo de esclavitud.

Por eso rompa las cadenas ancladas en sus pensamientos y empiece a edificar una nueva vida. Ahora pensamientos de bendición, de fortaleza, de que Dios lo está acompañando en todo momento, que lo mejor de su vida pronto lo recibirá, que es amado(a), valorado(a), respetado(a) e importante para Dios, porque Él está esperando por usted en todo momento, serán una constante en su vida. La misericordia, la gracia y el favor de Dios descenderán sobre su vida cuando renueve los pensamientos de su corazón.

Veamos algunos versículos bíblicos que dará dirección y guiarán nuestros nuevos pensamientos:

✓ Pensamientos de paz. "Tú guardarás en completa paz a aquel cuyo pensamiento en ti persevera; porque en ti ha confiado". (Isaías. 26:3).

✓ Pensamientos de alegría. "Engaño hay en el corazón de los que piensan el mal; pero alegría en el de los que piensan el bien". (Proverbios 12:20).

✓ Pensamientos de bien. "¿No yerran los que piensan mal? Pero misericordia y verdad alcanzarán los que piensan el bien". (Prov. 14:22).

✓ Pensamientos sabios. "Mi boca hablará sabiduría y el pensamiento de mi corazón inteligencia". (Salmo 49:3).

✓ Pensamientos de bienaventuranza. "Bienaventurado el que piensa en el pobre, en el día malo lo librará Jehová". (Salmo 41:1).

✓ Pensamientos rectos. "Los pensamientos de los justos son rectitud; mas los consejos de los impíos, engaño". (Prov. 12:5).

✓ Pensamientos de fortaleza. "Todo lo puedo en Cristo que me fortalece". (Filipenses 4:13).

Es decir que los pensamientos basados en la sabiduría que viene de lo alto, traerán paz a tu corazón si perseveras en la búsqueda del conocimiento de Dios, los pensamientos de bien te llenarán de alegría, vendrá a tu vida la misericordia y la verdad, los pensamientos inteligentes, harán que tu boca hable sabiduría, la fortaleza será tu directriz. Pensarás con rectitud y así dirigirás tu vida.

De otra parte, es importante resaltar que la mente realiza los siguientes procesos: la percepción, el pensamiento, la conciencia, la memoria.

LA PERCEPCIÓN, es la interpretación que realizo de los estímulos que recibo a diario a través de los sentidos: olfato, gusto, oído, vista, tacto; esta percepción es subjetiva porque todos, de acuerdo con nuestros intereses o situaciones de vida particulares, tenemos diferentes puntos de vista o percepciones respecto a un mismo asunto. Por eso, es importante revisar la percepción que tienes de algunas personas, a veces nos quedamos estancados en la primera impresión que tuvimos al conocer a alguien y ésta puede ser equivocada respecto de quién es en realidad, tal vez el momento en que la conociste pasaba por alguna situación que no era la mejor para su vida. También evalúa situaciones que pueden estar generando en tu mente pensamientos errados que te impiden iniciar el proceso de renovación de ésta, necesario para una transformación de vida.

EL PENSAMIENTO. El pensamiento viene de pensar y el origen etimológico de éste viene del latín *pensare* y ésta de *pendere:* colgar y de pesar, en el sentido de colgar dos pesos de una balanza. (http://etimologias.dechile.net/?pensar).

Se determina a través del raciocinio como un proceso de la mente, con el fin de determinar lo bueno de lo malo, al igual que la percepción puede influenciar en la producción del pensamiento.

Por lo anterior, hay diversidad de pensamientos, el que te permite formular preguntas (interrogativo), el que permite innovar y crear cosas nuevas, realizar una producción artística o de cualquier índole (creativo), el que evalúa el conocimiento, realiza conjeturas y saca conclusiones (crítico), el que toma lo particular para llegar a algo general y aplicarlo como una regla de conocimiento en casos específicos (inductivo), y viceversa, el que toma lo general para sacar conclusiones a casos concretos (deductivo), el que clasifica las ideas dándoles un orden de prioridad (analítico).

LA CONCIENCIA, vocablo latino *conscientia* (con conocimiento) la conciencia es el acto psíquico mediante el cual una persona se percibe a sí misma en el mundo. Por otra parte, la conciencia es una propiedad del espíritu humano que permite reconocerse en los atributos esenciales. (https://definicion.de/conciencia/).

Ésta se asocia al conocimiento que cada uno tiene de sí mismo, en cuanto a sus valores, percepciones, forma de actuar, de determinarse de acuerdo al uso del libre albedrío.

Así es como de manera generalizada utilizamos este término para significar que, si alguien ha actuado mal, su propia conciencia así lo determinará. En otras palabras, expresamos "que su propia conciencia le hable" o "la conciencia no lo dejó dormir", de cierta manera atribuimos "alma" a la conciencia, como aquel componente interno que tiene la capacidad de determinar si tal o cual circunstancia estuvo mal o no, determina la naturaleza, el verdadero móvil que te llevó a actuar o reaccionar frente a una circunstancia específica.

https://www.neuronup.com/es/areas/functions/memory

https://es.scribd.com/document/117184873/La-sanidad-de-la-memoria-y-las-emociones.

LA MEMORIA. La palabra memoria viene del latín memoria. Formada a partir del adjetivo memor (el que recuerda), y el sufijo -ia usado para crear sustantivos abstractos, y que también dio el verbo memorare (recordar, almacenar en la mente). (*etimologias.dechile.net/?memoria*).

Esa capacidad de almacenamiento que tiene la memoria de hechos pasados y circunstancias que afectaron nuestra alma deben ser sanados, a veces parece que la memoria olfativa evoca un recuerdo específico de una situación dolorosa, con un sólo olor, nos trasladamos a un momento maravilloso de nuestra infancia, una persona que amaste o una circunstancia o persona que afectó negativamente tu vida. Es ahí donde debemos traer a nuestra vida la sanidad de memoria para desconectar o desligar ese olor a un recuerdo doloroso.

DECÁLOGO PARA UNA MENTE SALUDABLE

1. Llenarás tus pensamientos de amor, paz y benignidad.
2. Meditarás en la palabra de Dios.
3. Cuidarás lo que entra por tus sentidos.
4. No cultivarás pensamientos de fracaso, derrota y autodestrucción.
5. Sanarás tu mente de recuerdos tormentosos.
6. Olvidarás fácilmente lo que te causa dolor.
7. Revisarás diariamente tu conciencia y traerás arrepentimiento a tu corazón.
8. Eliminarás con prontitud los pensamientos tóxicos.
9. Evitarás prejuzgar a los demás.
10. Fijarás tus pensamientos en todo lo justo, amable, verdadero y honorable.

CAPÍTULO 4.
MANUAL PARA EL
CUIDADO DEL ESPÍRITU

Recordemos que la palabra espíritu, viene de la voz hebrea *Ruah* "es la señal y el hálito de vida" y del griego *pneuma*, aire en movimiento, viento o aliento. Al ser el espíritu el aliento o soplo de vida, sin éste no podríamos existir, caminamos y nos movemos por el espíritu, tal es el caso de las personas que se encuentran en su lecho de enfermedad y padecen muerte cerebral al encontrarse en estado de coma, aunque no hablan, sí escuchan todo, situación determinante en los procesos de perdón que necesitarás en los últimos días, si es que en toda tu vida fuiste indiferente a tener una vida espiritual. Háblale a esa persona que está escuchando y comprendiendo lo que dices, sabe que estás ahí, porque mientras su corazón siga latiendo, su espíritu y alma aún están en su cuerpo y hasta que el corazón no deje de latir, el espíritu permanecerá en esa persona y por esta razón le puedes hablar, puedes orar por él, darle gracias, pedirle perdón y te escuchará. Porque el polvo vuelve a la tierra (cuerpo) y el espíritu vuelve a Dios, quien lo dio.

Espíritu y alma son la parte inmaterial del humano, con el alma interactúas en la tierra, porque ésta se relaciona con tus emociones y sentimientos pero con el Espíritu te conectas con Dios, quien te lo entregó. Al tener estas dos, hemos tenido muchas experiencias espirituales que no han tenido explicación racional, como por ejemplo: "cuando la vi supe que iba a ser el amor de mi vida" o "lo vi y supe que iba a ser el padre de mis hijos", igualmente, entrar en una casa llena de lujos y excentricidades y sentir que es la más pobre y desolada de todas, y viceversa, entrar en una casa donde no existen lujos ni lo necesario para estar cómodos y sentir que es un gran palacio lleno de paz, amor, generosidad y toda riqueza espiritual.

Ver con ojos espirituales toda persona y situación de la vida, es un ejercicio permanente que se inicia cuando aceptas a Dios en tu corazón, que, al ser un caballero, no entrará a tu vida si no lo permites, porque Él mismo nos entregó el libre albedrío.

Así es como muchos viven "muertos espiritualmente", únicamente en los deleites del cuerpo para satisfacer su alma carnal, pero sin tener comunión con Dios, porque ¿cómo vas a tener una relación personal con un Ser de quien no crees que existe porque no lo ves?, a quien no reconoces como el dador del soplo de vida (espíritu) que tienes dentro de ti.

Estas personas, aunque teniendo el espíritu (soplo de vida) dentro de ellos, no tienen vida espiritual porque los años de su existencia han transcurrido día a día con la convicción plena que son sólo cuerpos que tarde o temprano dejarán, profesando tristemente la inexistencia del Creador. No han adoptado la naturaleza de hijos de Dios, sino que son sólo criaturas, porque toda especie viviente fue creada por el Padre Celestial.

Dios es tan real como el aire que sentimos a cada instante y no vemos; como el respirar cada segundo, estemos o no conscientes de ello. Él es espíritu, no lo vemos con nuestros ojos físicos sino con los espirituales. Sus atributos son omnisciencia, (todo lo conoce) omnipotencia (todo lo puede), omnipresencia (está en todo lugar al mismo tiempo). Dios ha sido el mismo por los siglos de los siglos, desde el principio de la creación de los cielos y la tierra, cuando su espíritu se movía sobre la faz de las aguas, hasta la eternidad. La voz de origen latino omni, significa todo. (http://etimologias.dechile.net/?omni).

Así como el alma, que está compuesta por pensamientos, voluntad y sentimientos, en el espíritu están: intuición, conciencia y comunión con Dios.

4.1. LA INTUICIÓN. Es una comprensión o percepción global de las cosas sin necesidad de razonamiento, como si uno las estuviera contemplando, viene de una forma del latín *tardío, intuito, intuitionis,* generada a partir del verbo latino *intueri* (tener la vista fija sobre algo, fijarse en, contemplar y ver con absoluta claridad), verbo compuesto de *in-* (dirección hacia el interior, intensificación) y el verbo *tuerí* (contemplar, observar, mirar, también mirar por algo, protegerlo). (http://etimologias.dechile.net/).

¿Cuántas veces hemos realizado acciones por la intuición?, aquella facultad de tu espíritu, que se comunica con el Espíritu de Dios, que te hizo actuar de tal o cual manera, protegiéndote cuando debiste cambiar de acera o tomar una vía o rumbo diferente y después sucedieron cosas fatales, como hurtos u homicidios y dijiste coloquialmente: "tuve el presentimiento de que algo iba a pasar". También actuaste por intuición cuando dijiste: "no gracias" a tu amigo o compañero que quiso tener la gentileza de llevarte en su automóvil y a pocos kilómetros un fatal accidente terminó con su vida. Podría enumerar muchas situaciones similares. Cada uno tiene anécdotas propias.

Igualmente, la voz y el sentir de nuestro espíritu, a través de la intuición, nos ha guiado cuando sentimos en lo más profundo de nuestro corazón "no confíe en aquella persona", "no vaya a ese lugar", "no realice tal negocio", y después nos damos cuenta de que efectivamente ese sentir venía de lo Alto. Muchas personas se lamentan no haber seguido lo que su intuición determinó o la intuición de su madre o pareja, porque alguien convincente y manipulador logró desviar la intención de su corazón. Recordemos que a las malas decisiones se les hace frente perdonándonos a nosotros mismos. La culpabilidad estanca. No quieres eso para tu vida, ¿verdad? La intuición nos ayuda en asuntos simples cuando hemos pensado hacerle un regalo a alguien de manera espontánea, sin que sea un acontecimiento especial y esta persona te dice: ¿cómo sabías que estaba necesitando esto?

4.2. LA CONCIENCIA.

Esta palabra viene del latín *conscientia*, que significa estar consciente del bien y el mal. Esta palabra está formada por el prefijo con (convergencia, reunión) y *scienta* (ciencia) de *sciere* (saber). (http://etimologias.dechile.net/).

Hay que tener cuidado de tomar decisiones con fundamento en lo que te dicte la conciencia cuando ésta proviene de una mente reprobada y la vida está guiada por la concupiscencia y por deseos de la carne, razón por la cual su conducta los ha llevado a una conciencia que no les dicte con claridad qué está mal, porque llaman a lo malo, bueno.

Para quienes tienen una vida recta, han sido obedientes a los mandamientos y preceptos de Dios, su conciencia fácilmente les dirá lo correcto o no. La buena conciencia es despertada por el espíritu de Dios a través de la comunión con Él. Ésta se ve afectada, contaminada o dañada por cada acto de maldad. La amígdala cerebral es usada para alertarnos en situaciones de peligro y cesará sus funciones si hacemos caso omiso a sus anuncios.

La conciencia necesita ser cimentada con los principios de la palabra de Dios, si tu conciencia es buena, vendrá arrepentimiento cuando hayas obrado mal. De lo contrario, actuar de manera deliberada, ofender a los demás, ejecutar actos de venganza, decir palabras de maldición hacia los demás, incluso hacerle daño a alguien, no te generará arrepentimiento porque tu conciencia no te lo ha dictado, pensarás fácilmente, "lo hice porque se lo merece".

La conciencia se cauteriza en algunos casos, producto de recibir exhortación, consejo o una palabra de edificación que podía cambiar tu vida y se consideró irrelevante. Cuando decimos respecto de algunas personas: "ya le he dicho de todas las maneras posibles, pero nada lo hace recapacitar", es evidencia de la cauterización de la conciencia.

El homicida, genocida, parricida, quienes han manchado sus manos de sangre o quienes ejecutan obras de maldad y nunca han sentido arrepentimiento en razón a su conciencia (sin comunión con Dios) por la inexistencia de la convicción en su corazón de que actuaron mal, que transgredieron los mandamientos de la ley de Dios, son aquellos que tienen espíritu (el soplo) pero se encuentran muertos espiritualmente.

4.3. COMUNIÓN CON DIOS. Es con el Espíritu que tienes comunicación con Dios, para conocer la perfecta voluntad del Padre para tu vida. Los que tienen "muerte espiritual", perdieron comunicación con Dios producto del ejercicio de su libre albedrío, dirigido al libertinaje, a las obras de maldad, se apartaron de Él, por lo tanto, sus sentidos espirituales no se ejercitaron por ausencia de relación con Dios. Pero no te desanimes, estás a una oración de abrir la puerta de tu corazón a Dios y reconectarte con Él, tu creador, quien te dio el soplo, el **rúah** (espíritu en hebreo), a quien le debemos estar aquí en estos preciosos momentos. Escribiendo para Él, leyendo y alimentándonos de sus preceptos.

Cuando se empieza a tener comunión con Dios, varias prácticas se convierten cotidianas en nuestra vida: orar, leer la Biblia y meditar en cada enseñanza, invitarlo diariamente a que dirija nuestros pasos, alabarle, obedecer sus mandamientos por amor, así empezamos a escuchar al Espíritu Santo. Poco a poco, vamos ejercitando nuestros sentidos espirituales, discernimos lo bueno de lo malo, fruto de la relación personal que establecemos con El Padre.

Los mandamientos de la ley de Dios fueron escritos y entregados directamente por Dios a Moisés en dos tablas de piedra.

Como su nombre lo indica son una orden del Padre, fueron escritos por amor, para que fuéramos felices en esta tierra y nos libremos de muchos males. "Donde no hay dirección divina, no hay orden; ¡feliz el pueblo que cumple la ley de Dios!" (Proverbios 29:18). "No olvides mis enseñanzas, hijo mío; guarda en tu memoria mis mandamientos y tendrás una vida larga y llena de felicidad". (proverbios 3:1-2). Estos se encuentran establecidos en el libro de Éxodo 20:1- 17, (versión La Palabra -España BLP).

$_{20}$ Dios pronunció todas estas palabras:

$_2$ — Yo soy el Señor, tu Dios, el que te libró de la esclavitud de Egipto.

$_3$ No tendrás otros dioses aparte de mí.

$_4$ No te harás escultura alguna o imagen de nada de lo que hay arriba en el cielo, abajo en la tierra, o en el agua debajo de la tierra.

$_5$ No te postrarás ante ellas, ni les rendirás culto; porque yo, el Señor, tu Dios, soy un Dios celoso que castiga en sus hijos, nietos y biznietos la maldad de los padres que me aborrecen.

$_6$Pero con los que me aman y guardan mis mandamientos, soy misericordioso por mil generaciones.

$_7$ No pronunciarás en vano el nombre del Señor tu Dios, porque el Señor no dejará sin castigo al que tal haga.

$_8$ Acuérdate del sábado para consagrarlo al Señor.

$_9$ Durante seis días trabajarás y harás en ellos todas tus tareas; $_{10}$ pero el séptimo es día de descanso consagrado al Señor, tu Dios. En ese día no realizarás ningún trabajo, ni tú, ni tu hijo, ni tu hija, ni tu esclavo, ni tu esclava, ni tus animales, ni el inmigrante que viva en tus ciudades.

$_{11}$ Porque el Señor hizo en seis días el cielo y la tierra, el mar y todo lo que hay en ellos, y el séptimo día descansó. Por eso mismo bendijo el Señor el sábado y lo declaró día sagrado.

$_{12}$ Honra a tu padre y a tu madre para que vivas muchos años en la tierra que el Señor tu Dios te da.

$_{13}$ No matarás.

$_{14}$ No cometerás adulterio.

$_{15}$ No robarás.

$_{16}$ No darás testimonio falso en perjuicio de tu prójimo.

$_{17}$ No codiciarás la casa de tu prójimo, ni su mujer, ni su esclavo, ni su esclava, ni su buey, ni su asno, ni nada de lo suyo.

DECÁLOGO PARA EL CUIDADO DEL ESPÍRITU

1. Reconocerás a Dios como el dador del soplo de vida.
2. Invocarás al Señor tu Dios todos los días de tu existencia.
3. Agradecerás por el aliento de vida que te ha regalado.
4. Obedecerás los mandamientos de la ley de Dios.
5. Dedicarás tiempo para leer su palabra, así conocerás a Dios.
6. Cultivarás la unidad del espíritu a través de la paz.
7. Limpiarás tu conciencia con el arrepentimiento y el perdón.
8. Establecerás comunión con Dios a través de la adoración permanente.

9. Escucharás la voz de tu espíritu que se conecta al Espíritu Santo de Dios
10. Orarás a Dios para tomar decisiones.

CAPÍTULO 5.
MANUAL PARA EL CUIDADO DEL CUERPO

Muchos pensarán que este capítulo estará dedicado a dietas, ejercicios u otros, pero actualmente la mayoría de las personas tienen sus propias reglas de autocuidado, su manual dietario, cómo vencer el metabolismo lento y el sedentarismo. El cuerpo es el vehículo que tiene nuestra alma y espíritu para estar en esta tierra. Somos seres espirituales teniendo experiencias terrenales, nuestra ciudadanía es celestial.

Dios nos otorgó licencia para estar aquí y solamente Él conoce nuestra fecha de partida. El cuidado del cuerpo también es tratado en la Biblia como todo manual de vida. Como ése no es el objetivo de este capítulo, compartiré solamente una dieta famosa y conocida para quienes estudian las sagradas escrituras: *el ayuno de Daniel es un manual de desintoxicación, sencillo y recomendado por algunos médicos, especialmente, los dedicados a la medicina natural.*

Hay dos escrituras fundamentales para el ayuno de Daniel que se encuentran en el libro del mismo nombre. (Daniel 1:12 y Daniel 10:2-3).

En Daniel 1:1-12, el profeta Daniel, para no contaminarse con la comida del rey de Babilonia, pidió sólo comer verduras (incluyendo frutas) y sólo pidió agua para beber. (Daniel 1:12 NVI) "…Danos de comer sólo verduras, y de beber sólo agua."

Así que de estas escrituras se obtienen dos guías para el ayuno:
1. Sólo frutas y vegetales
2. Sólo agua de bebida.

En Daniel 10:2-3, no comía carne ni pan o alimentos finos y dejó de beber vino durante 21 días. "...Yo, Daniel, pasé tres semanas como si estuviera de luto. En todo ese tiempo no comí nada especial, ni probé carne, ni vino..."

Muchos libros se fundamentan en los 21 días para todo tipo de cambio de hábitos que se quieran establecer. Muchos médicos proponen la desintoxicación de igual manera, basada en frutas y verduras debidamente clasificadas por sus propiedades y usos terapéuticos. Esta desintoxicación debería ser un hábito de vida saludable, como mínimo, una vez al año.

Maxwell Maltz, autor de varios libros, fue cirujano plástico de la Universidad de Columbia. Entre sus publicaciones se destaca: La Psicocibernética, que es un conjunto de teorías referente a los hábitos del hombre. Maltz indicó que se necesita un mínimo de 21 días consecutivos de práctica inequívoca de cada nuevo hábito que se desee implementar para que se pueda efectuar un cambio perceptible en la persona.

Así que, consulta un nutricionista o un profesional de salud que guíe tu dieta alimentaria, que revise tus hábitos, metabolismo y genética, con el fin de realizar una desintoxicación acorde a tus necesidades y así ser responsable con tu cuerpo, templo del Espíritu Santo de Dios.

Como lo enuncié con antelación, este segmento será tratado desde otro punto de vista, porque el cuerpo está íntimamente ligado con nuestra alma, de modo que es importante cuidar lo que éste manifiesta.

5.1. CUIDA TU CORAZÓN. El principal de todos los órganos es éste, por alguna razón se determina en proverbios que, sobre toda cosa guardada, es decir sobre cualquier otra cosa en tu vida, guarda tu corazón, porque de él mana la vida (proverbios 4:23). En las próximas líneas entenderemos por qué.

El primer uso de la palabra hebrea para corazón (*lêb*), aparece en *Génesis 6:5:* "*Y vio Jehová que la maldad de los hombres era mucha en la tierra, y que todo designio de los pensamientos del corazón de ellos era de continuo solamente el mal*".

Con esto quiso significar que de él (corazón) brotan malas intenciones, falsos testimonios, injurias, toda la maldad o la bondad de alguien; antes de que suceda en el mundo real o material, sucede primero en tu corazón, ya lo has maquinado, ya lo has preparado, por eso, en muchas ocasiones, es necesario diagnosticar qué cardiopatía tienes, en qué condición espiritual está tu corazón, para de esta manera, realizar un tratamiento, el cual, en casos extremos, necesitará una intervención quirúrgica para erradicar la afección.

Es por eso que te invito a reflexionar sobre los estados del corazón, para conocer las circunstancias en las cuales puede encontrarse el tuyo y analizar si en él, existen iguales o similares situaciones.

5.1.1. DUREZA DE CORAZÓN. La frase "dureza de corazón" proviene del griego *sklerokardía*. La dureza de corazón se causaría, entre otras cosas, cuando se entra en dificultad y exigencia con: el respeto a Dios, andar en sus caminos, amarle y servirle, por incredulidad a Él o por arrogancia.

¿Qué endurece el corazón?

1. Transgredir los mandamientos de la ley de Dios: matar física o emocionalmente a alguien, jurar el nombre de Dios en vano, mentir, adulterar, fornicar, codiciar algo de otra persona.

2. Ofensas que profieres a otros, ofensas recibidas sin perdonar.

3. Heridas del alma que guardas silenciosamente, sin sanar esperando venganza.

4. Rebelión, entendida como ir en contra de la autoridad en tu vida: padres, superiores jerárquicos, profesores, etc.

5. Incredulidad en la existencia de Dios.

Antes exhortaos los unos a los otros cada día, entre tanto que se dice: Hoy, para que ninguno de vosotros se endurezca por el engaño del pecado. Hebreos 3:13

5.1.2. SOBERBIA EN EL CORAZÓN. Hay personas con orgullo espiritual, racial, intelectual, religioso, social, etc., miran a los demás con desprecio. Si no renuncias al orgullo tendrás una puerta abierta al desequilibrio, a la autodependencia, terquedad, desobediencia, la exaltación de sí mismo y la vanagloria.

En la actualidad debido a los diversos logros personales que cada alma obtiene, considera que, por sus méritos y capacidad, ha logrado tener lo que ostenta; olvidados que existe un Ser supremo creador de los cielos y la tierra, convirtiéndose en amadores de sí mismos, vanagloriosos, haciendo de la soberbia y la altivez su carta de presentación. Encuentro siempre, frente a estas situaciones, el indefectible cumplimiento de lo que está escrito, que Dios esparce a los soberbios en el pensamiento de sus corazones (Lucas 1.51), los divide, los mira de lejos, para llenar de gracia a los humildes (Santiago 4:6).

La humildad, es una condición del corazón, no económica, como en forma equivocada se expresa. Existen personas con escasez económica y orgullo en su corazón y otros a quienes Dios los ha prosperado financieramente, con un corazón sensible a su voz y con actitud humilde. También encontramos ricos orgullosos, que hicieron del dinero su dios, a quienes la frase popular "hay personas tan pobres, que lo único que tienen es dinero", los describe perfectamente.

La humildad es aquella condición que te permite entender que tú no tienes la última palabra, que disentir con otro para tener la razón no lleva a nada fructífero, es ver al prójimo como superior a ti mismo, siendo este lente, el único admisible para vernos los unos a los otros, porque cuando te sientes superior a los demás, en tu corazón se empieza a albergar el orgullo. Permítele al otro que exprese su opinión, que enseñe lo que sabe, que seguramente será diferente a tu saber y al conocimiento que tienes. La humildad, es una llave que te permite entrar por las puertas de las grandes y sorpresivas bendiciones. ("Nada hagáis por contienda o vanagloria; antes bien con humildad, estimándoos unos a otros como superiores a sí mismos". Filipenses 2:3).

5.1.3 CORAZÓN LLENO DE GLOTONERÍA, EMBRIAGUEZ Y AFANES DE ESTA VIDA. La glotonería es definida por la Real Academia de la Lengua como la acción de comer con exceso y con ansia, siendo ésta la cualidad del glotón.

Este corazón lleno de glotonería se caracteriza porque vive la vida con exceso de todo lo que el mundo le ofrece. Ejemplo, prefieres experimentar relaciones afectivas o meramente sexuales con varias mujeres u hombres, en lugar de consolidar una familia. El exceso de drogas, el exceso de alcohol, el exceso de alimento, el exceso de compras, en medio de una sociedad de consumo que invita de manera permanente a la adquisición deliberada de bienes para posicionarte en un nivel socioeconómico determinado, con el fin de ser aceptado, o al consumo de cosas, que en ese momento consideras que llenan la vida.

Respecto a esta glotonería mundana, relacionada con el tener, encontramos varias excentricidades: iPhone o iPad de oro, automóviles de oro o diamantes, futbolines bañados en oro.

En fin, tanto dinero en esta tierra y tantas extravagancias que pueden realizarse, únicamente, porque se considera el dinero, un dios.

Tarde o temprano, estos excesos traerán sus consecuencias, pues si bien es cierto una buena comida y los diferentes gustos que podamos darnos, hacen parte de los deleites de esta tierra, el exceso de ellos, cualquiera que sea, hasta el consumo de agua, traerá sus consecuencias para nuestro cuerpo y vida. El exceso de una vida libertina, no libre, que es diferente, traerá sus consecuencias, tal vez en una enfermedad crónica, que nunca pensaste padecer y que en el momento de gozo, no se dimensionaron sus consecuencias.

La glotonería afecta directamente el templo del Espíritu Santo, porque puede desencadenar obesidad de cualquier grado, hasta convertirse en mórbida, tratamiento que exige esfuerzo, tiempo, dinero, mucha disciplina y un genuino perdón por todas las heridas acumuladas desde la niñez. La obesidad puede generarse también por el abuso y demasiada exigencia o necesidad de autoprotección porque la vida te ha parecido dura, te ha tratado mal y que tú solo, no podrás continuar en el trasegar de tu existencia. En muchos casos, la obesidad o exceso de peso, es la condición inconsciente de esconderte a esa situación que no ha sido posible superar, tal vez una pérdida humana (partida física o espiritual y moral) que te dejó una sensación de estar desamparado o abandonado.

Igualmente, este corazón indica que está lleno de los afanes de esta vida, porque para muchos, su vida transcurre día a día en múltiples ocupaciones, una agenda que parece interminable, unas largas horas laborales, compromisos sociales, etc. Otros se comprometen a realizar multiplicidad de asuntos debido a decir "sí" a toda solicitud, lo que es imposible humanamente, prorrogando días, semanas, incluso meses, la labor encomendada, incumpliendo con lo prometido, que excedió los límites de actividades propias llevadas a cabo por una sola persona, acumulando y postergando tareas. Si tú eres uno de ellos y tienes acumulados muchos quehaceres, realiza un plan de contingencia, determinando lo urgente y lo importante, solicitando colaboración a terceros o personas que tengan igual capacidad laboral, con el fin de que seas libre de la acumulación y postergación de asuntos o actividades, esto le imprimirá a tu vida otro aire, una sensación de libertad que permitirá traer orden a tu cotidianidad.

Sé cauteloso en comprometerte con los demás en cosas que no puedes cumplir y accediste a ellas porque te fue imposible decir: "no". Comprometernos en buscar la paz, implica liberar nuestra mente, cuerpo y alma, de postergar aquello que no podemos realizar de manera inmediata. Es cerrar la puerta a la irascibilidad debido a la impotencia y frustración que ocasiona la procrastinación. (Postergación de actividades).

Los estudios de temas relacionados con problemas de salud pública, nos dan razones para entender que absolutamente todo lo escrito en la Palabra de Dios está lleno de sabiduría, sus preceptos se convierten en baluarte para vivir plenamente en esta tierra, por eso, sabio consejo es que aprendamos a contar nuestros días, porque obtener tal conciencia, traerá a nuestro corazón sabiduría en nuestro diario vivir. (Salmos 90:12).

Una publicación de la página web de muyinteresante.es, al respecto, precisó: "… científicos de la Universidad de Constanza (Alemania) han estudiado a fondo la procrastinación y han llegado a la conclusión que las personas se comportan así porque creen que el día de mañana será más adecuado para poner en práctica lo planeado. También han demostrado que la tendencia a procrastinar es menor si se plantea la tarea en términos muy concretos y específicos. Lo normal es que se pase por tres etapas distintas durante la procrastinación: una primera etapa de incomodidad por esa actividad que debes hacer, una segunda de ocupación a través de otras actividades menos importantes y una tercera de justificación en la que suele aparecer la famosa frase de "mañana será otro día".

Los estudios parecen indicar que la procrastinación está relacionada con peor salud psicológica, existiendo una conexión entre las personas que dejan las cosas para otro momento y problemas de ansiedad, estrés o depresión. También parece ser más común en personas más jóvenes y ser un comportamiento que está presente en ambos sexos.

Por su parte, Pier Steel, investigador de la Universidad de Calgary, ha desarrollado una fórmula (bautizada como teoría de la motivación temporal), que, según asegura, explica la procrastinación: $U=EV/ID$.

"U" hace referencia a la utilidad de la tarea una vez realizada, y su valor es proporcional al producto de las expectativas (E) por el valor que le concedemos a terminar el trabajo (V), e inversamente proporcional a la inmediatez (I) y a la sensibilidad de cada persona a los retrasos (D). Según la fórmula de Piers Steel, las tareas que queremos que se lleven a cabo mejor y a las que más importancia otorgamos, son las que más frecuentemente dejamos para adelante. Más que pereza, dice Steel, "lo que hay detrás de la procrastinación es un exceso de perfeccionismo".

Algunas técnicas que pueden ayudar a controlar e incluso evitar la procrastinación se basan en imponerse tiempos de trabajos diarios y estrictos, evitar distracciones o dividir el trabajo u objetivo a completar en tareas concretas y sencillas que seamos capaces de manejar y nos parezcan más sencillas.

Procrastinar puede generar ansiedad y ésta, a su vez, producir un trastorno de estrés, este último, de manera prolongada, aumenta el riesgo de padecer demencia, especialmente Alzheimer. El estudio anterior y la revisión de cifras de la Organización Mundial de la Salud, respecto a las causas de muerte, determinó que la demencia ocupa el quinto lugar con 56,4 millones de muertes, nos instan cada día a buscar la paz y seguirla, por lo tanto, tampoco es tarea para dejar a la procrastinación.

Que todas tus horas de vida transcurran en los afanes de la vida, te generará adrenalina, el cual tiene un alto costo para tu cuerpo (hormona segregada por las glándulas suprarrenales, que en situaciones de tensión, aumenta la presión sanguínea, el ritmo cardíaco, la cantidad de glucosa en la sangre, acelera el metabolismo, etc.) y una vez acelerados el metabolismo y la presión sanguínea, forzosamente tendrás que hacer un alto en el camino y modificar hábitos de vida, reagendar compromisos y reanudar tu vida de una forma diferente. *("Mirad también por vosotros mismos, que vuestros corazones no se carguen de glotonería y embriaguez y de los afanes de esta vida, y venga de repente sobre vosotros aquel día. Porque como un lazo vendrá sobre todos los que habitan sobre la faz de toda la tierra").* (Lucas 21, 34-35).

5.1.4. CORAZÓN INCIRCUNCISO. A algunos lectores les parecerá extraño utilizar este término para referirse al corazón, teniendo en cuenta que la circuncisión usualmente se refiere al procedimiento quirúrgico que implica cortar el exceso de piel que se encuentra en el prepucio del órgano reproductor masculino. Y es precisamente el término exceso, el que nos permitirá entender por qué existen corazones incircuncisos.

En Deuteronomio 10:16 se nos exhorta a: *"circuncidad, pues, el prepucio de vuestro corazón, y no endurezcáis más vuestra cerviz..."*

El cambio no llegará a su vida hasta que le permita a Dios circuncidar su corazón. Hasta entonces, usted seguirá siendo el mismo. Circuncidar el corazón es remover la carne. En otras palabras, es cortar la carne que ha endurecido su corazón. Es quitar todo aquello que lo ha hecho insensible, tirano, envidioso, jactancioso, avaro, mentiroso, engañador, burlador, cruel, indolente, egoísta...

Un corazón endurecido no le permite percibir las cosas del mundo espiritual; no le permite discernir lo bueno de lo malo, ni escuchar lo que Dios está diciendo, ni sentir la presencia del Padre Celestial.

En la cotidianidad hay entornos donde prevalece el egoísmo y la maldad, en donde los actos crueles hacia el otro se han vuelto normales y acciones que deberían reprocharse se aplauden, distorsionando lo malo al llamarlo bueno. Premisas como, por ejemplo: "el que la hace la paga" sólo han generado corazones incircuncisos, considerando que tomar la justicia por su propia mano es algo correcto, siendo en verdad, reprochable.

Las redes sociales se han convertido en un movimiento de masas y la información que allí circula, en muchas ocasiones es de burla para otros, de imputaciones deshonrosas, de humor negro, al tornar en chiste lo que para otros son circunstancias trágicas. También contribuye al endurecimiento del corazón y necesariamente a la publicación, circulación y propagación masiva de maldiciones, en algunos casos.

5.1.5. CORAZON LLENO DE CELOS AMARGOS Y CONTENCIÓN EN EL CORAZÓN. El diccionario de la Real Academia tiene dos definiciones para celos, que me permito transcribir:

Envidia del bien ajeno, o recelo de que el propio o pretendido llegue a ser alcanzado por otra persona.

Pienso que un corazón que guarda celos es como uno que destila hiel o algo amargo.

A lo largo de los años, los crímenes pasionales han sido objeto de estudio por la criminología. Estos hechos criminales no distinguen raza, sexo, nación ni condición socioeconómica y cultural. Algunos de éstos incluyen personajes de farándula, del deporte y política. Los crímenes pasionales han sucedido en el estrato más alto y el más bajo, en países desarrollados y subdesarrollados, desde países con grandes índices de mortalidad por homicidios y los que tienen baja, es decir, que los recuentos históricos de crímenes pasionales han determinado que en éste se ve implicado cualquier tipo de condición humana y relación afectiva: esposos, novios, relaciones con o sin hijos, en fin, circunstancias donde una infidelidad no se perdona, donde la sola sospecha se acusa, donde el terminar una relación es el detonante, no solo de terminar la vida de su pareja, sino la de sus hijos y la propia. Esta enfermedad se denomina celotipia y es considerada como la respuesta emocional que surge cuando el sujeto percibe una amenaza sobre alguien que siente como propio.

Existen muchas referencias de crímenes pasionales que son más antiguos de lo que imaginamos, que generan estupor, pero que se han incrementado de manera alarmante, especialmente el feminicidio.

"Los celos amargos" se describen en Santiago 3:14. *"Pero si tenéis celos amargos y contención en vuestro corazón, no os jactéis, ni mintáis contra la verdad, porque esta sabiduría no es la que desciende de lo alto, sino terrenal, animal, diabólica".* En esta perla preciosa de sabiduría, existe la respuesta de lo que trae al corazón quien siente celos, que lejos está del verdadero amor, además al definir que es un sentimiento terrenal y diabólico, nos permite entender la razón por la cual quien la llega a sentir, toma decisiones nefastas para su vida y la de quienes están a su lado.

Identifica plenamente si tu relación de pareja padece celotipia, para que tomes decisiones al respecto, una relación tóxica está lejos de ser amor, una relación de pareja debe estar basada en la confianza y el respeto por el otro. Los celos, al ser un sentimiento terrenal y animal, traerán turbación a tu alma y pueden llegar a ser un detonante de decisiones nefastas, así que apresúrate a identificarlo. Cultiva la confianza, el respeto, la fidelidad en tu vida amorosa, lo que permitirá que tengas una relación saludable y no típicamente patológica.

5.1.6. CORAZÓN HABITUADO A LA CODICIA. La codicia es el deseo vehemente de poseer muchas cosas, especialmente riquezas y bienes. Si tu vida está concentrada en poseer, muy seguramente no has tenido tiempo para SER, no importa el móvil que tengas para poseer riquezas, creyendo erróneamente que son fundamentos válidos para desperdiciar años de vida, los siguientes: Dejarles un futuro a tus hijos, tener una vejez tranquila, salir de la extrema pobreza para ayudar a tus padres o a tu madre quien sola ha sacado adelante una familia. Ningún argumento de éstos justifica que tu vida se haya concentrado en el tener: un mejor vehículo, una mejor casa, un título adicional, mayor prestigio, mayor reconocimiento, obtener poder, el cual te ha cautivado y has hecho todo lo que ha estado a tu alcance, para obtenerlo.

Y en estos años de **tener**, la vida se te ha ido y llegó intempestivamente la enfermedad, esa que en algunos casos te anuncia que tus días sobre la tierra están contados… y que debes de organizar tu vida para que ese viaje sea tranquilo, momento en el cual hay que preparar maletas, sobre todo con el perdón, el que ofreces, el que otorgas con amor, con palabras que edifiquen, con un gracias por todo, gracias por tu compañía, por tu amor, tu cariño, por esa mirada incondicional, por estar siempre ahí.

El cultivar el desarrollo integral del SER, siendo conscientes que somos tripartitos, (espíritu, alma y cuerpo) nos exhorta a ver más allá de lo terrenal, empezar a cultivar nuestra alma y desarrollar la comunión con Dios a través del Espíritu. Así tu vida cobrará sentido, recuerda que eres un ser espiritual teniendo experiencias terrenales, por eso centrarte sólo en el tener, traerá a tu vida un profundo vacío, porque las cosas, tarde o temprano, las dejarás y quedarán las huellas imborrables que dejaste sembradas en el corazón de cada alma que Dios puso en tu vida, porque el amor nunca dejará de ser.

5.1.7. UN CORAZÓN DADO A LA SENSUALIDAD. La palabra sensualidad proviene etimológicamente del latín *sensualitas* (cualidad relativa a los sentidos).

Actualmente, la sensualidad se ha convertido en un prerrequisito de aceptabilidad del género femenino en determinados círculos sociales, sumado a la exaltación o culto a lo físico; tales circunstancias generan un estereotipo de género, desvirtuando su verdadera naturaleza y esencia.

Estamos en tiempos de marcada exaltación de lo estético y el erotismo, características de las personas con corazón sensual, que se aíslan de la pureza y la integridad sexual, necesaria para que tu alma y tu cuerpo tengan comunión con Dios. (6 Pero la que se entrega a los placeres, viviendo está muerta, 1Timoteo 5:6).

La pureza sexual, la fidelidad a su esposo/a, a la pareja que Dios le entregó para disfrutar su sexualidad, son una meta que debe regir a cada persona que busca agradar a Dios. Sabemos bien que el mensaje que ofrece la colectividad es diferente, porque estamos inmersos en un mundo en donde la exhibición del cuerpo femenino y masculino se genera por la concepción de lo armónico: musculoso y voluptuoso, o delgado y atlético, formado como arquetipo de lo ideal y usualmente "necesarios" para que una marca o estrategia de *marketing* funcione. Estas circunstancias han dejado grandes vacíos en el ser humano, porque se olvida nuestra condición integral como seres tripartitos al cultivar tendencias narcisistas y hedonistas, dejando a un lado el alma y el espíritu.

Ninguna mujer que ha cultivado un cuerpo atlético quiere sentir que es objeto de exclusivo disfrute sexual, de relaciones cortas y traumáticas que a la postre dejan huella indefectible de superficialidad y grandes vacíos. Debemos volver a la dignificación del ser humano, vernos los unos a los otros valiosos por lo que somos, no por lo que hemos alcanzado, no por el cuerpo que tienes, no por lo que tienes o posees, no porque eres famoso, simplemente porque **eres**.

Los abuelos nos dejaron grandes enseñanzas, se enamoraron haciendo visitas de sala, permitían que largas charlas develaran sus sueños y aspiraciones, es decir, tenían tiempo de conocerse, no de desnudarse a la primera cita, se comprometieron a llevar una vida juntos, a conformar una familia con responsabilidad y se preservaban sexualmente. Claro está que no tenían tantos entretenimientos como en la actualidad, ni internet, ni celular, por lo que la interacción humana en familia y pareja era el factor predominante para la preservación de ésta, lo que hoy es todo un reto.

La sabiduría innata de los abuelos, sin tener algunos preparación académica, la cual no determina la calidad de tu alma, los dirigió a actuar, como si conocieran, el siguiente estudio:

La Universidad de Seattle y el Centro Fred Hutchinson para la investigación del Cáncer, quiso descubrir si las madres de varones son propensas a tener enfermedades neurológicas, frecuentes en hombres, pero los resultados hicieron que los científicos se desviaran del objetivo planteado. (Publicado por www.telemundo.com, junio 28 de 2017, título: Estudio revela que las mujeres conservan en su cuerpo el ADN de sus parejas sexuales).

"...59 mujeres fueron parte del estudio, y 37 de ellas, es decir el 63%, tenían microquimerismo en su cerebro, que son células de un individuo masculino presentes en el cuerpo femenino y que son genéticamente distintas al resto.

El interrogante era de dónde proviene ese ADN masculino. Se descartó que lo hiciera el padre o de algún hijo varón, porque muchas de estas mujeres ni siquiera habían estado embarazadas. Así que se establecieron cuatro posibles causas:

1. Aborto.
2. Un gemelo hombre desaparecido.
3. Transferencia de genes de un hermano mayor.
4. Relaciones sexuales.

Las tres primeras no coincidieron en la investigación, por la que el sexo fue el determinante en este estudio. Por tal razón, se concluyó que cada pareja sexual que las mujeres tienen se convierte en parte de su vida para siempre, pues las personas analizadas eran de edad avanzada y habían almacenado el ADN durante más de 50 años.

Una vez que el semen entra en el cuerpo de la mujer, vía vaginal u oral, pasa a formar parte de ella.

Lo anterior ratifica que, tanto hombres como mujeres, deben valorar lo que significa la intimidad y ser conscientes que el contacto físico tiene trascendencia en el mundo espiritual y no sólo se circunscribe al placer momentáneo de la pareja, es unión almática. Es por esta razón que en talleres de pareja con rupturas de relaciones anteriores, lo primero que debe realizarse es el rompimiento de ligaduras del alma que se establecieron con otras personas, con el fin de consolidar una vida de pareja sana en todos los aspectos. Volvemos a la sabiduría de los abuelos que, sin conocer estos estudios, se dejaban guiar por Dios y se guardaban en integridad para su matrimonio. (Obviamente, toda regla tiene excepciones, también en esa época existían promiscuos y pervertidos, por lo que es un referente, sin ser el único).

Igualmente, del semen puede predicarse que es vida, por lo que ningún hombre debería desperdiciar sus semillas, (**semen** proviene del latín *semen, seminis:* semilla), sino que su valor y masculinidad les recuerde que aquello que llevan dentro es fuente creadora de un ser, y que es tal la información que alberga, no sólo de orden genético, sino que tiene vocación para producir vida después de la muerte. Según un estudio publicado por El País el 15 de abril de 2017 (El semen de los muertos que puede crear vida), precisó:

"... ¿Muere el esperma? parece ser que nuestros cuerpos no mueren de una vez sino por partes, la antigua literatura científica aconseja que los médicos extraigan y congelen una muestra en las primeras 24-36 horas después de la muerte, pero diversos estudios muestran que, en las condiciones adecuadas, el esperma puede sobrevivir mucho después de la fecha límite. Rothman habla de un hombre que murió haciendo kayak en aguas frías y cuyo esperma estaba en perfecto estado dos días después. Y en abril de 2015, médicos de Australia anunciaron el nacimiento de un 'bebé feliz y sano' a partir del esperma extraído de su padre 48 horas después de la muerte".

Indistintamente de lo que pueda considerarse el uso de semen posmortem, los espermatozoides, así como los óvulos, son creadores de vida, así que de ahora en adelante cuida la vida que yace dentro de ti, no teniendo intimidad deliberadamente con personas con las cuales no existe una seria convicción que son el alma con la cual estarás hasta el fin de tus días, "una sola carne". Decisión dirigida por Dios si cuentas con él para tomar decisiones.

¿Cuántas veces, por dejarte guiar únicamente por el instinto carnal, dañaste una relación de pareja con una mujer que era tu ayuda idónea? Por eso proverbios 6:23-35 nos trae una gran reflexión que me permito transcribir:

"Porque el mandamiento es antorcha y la enseñanza luz y camino de vida las reprensiones de la enseñanza:

$_{24}$ Para que te guarden de la mala mujer, de la blandura de la lengua de la mujer extraña.

$_{25}$ No codicies su hermosura en tu corazón, ni ella te prenda con sus ojos.

$_{26}$ Porque a causa de la mujer ramera es reducido el hombre a un bocado de pan; y la mujer caza la preciosa alma del varón.

5.1.8. UN CORAZÓN ABATIDO. Un corazón abatido es un corazón predispuesto a la ansiedad y a la depresión, a los cambios intempestivos y frecuentes de ánimo por la pérdida de interés para vivir, por desaliento emocional para enfrentar las circunstancias de la vida, es decir, se convierte en un cuadro clínico y en una de las causas de enfermedades mentales que aquejan a la sociedad actual. Según la OMS ésta es padecida por más de 300 millones de personas en todo el mundo, cifra que habla por sí sola y no puede subestimarse.

La angustia deprime al hombre; la palabra amable lo alegra. (Proverbios 12:25).

"Un corazón apacible es vida para el cuerpo, mas la envidia es carcoma de los huesos". Podría indicarse que una causa del abatimiento puede ser causada por la envidia, por codiciar o anhelar lo que otro tiene. (Sólo un corazón libre de angustia disfruta la vida, un corazón apacible hace que mi vida y cuerpo tengan armonía). (Proverbios 14: 30).

5.1.9. GUARDAR O PROTEGER EL CORAZÓN. La palabra guarda, es del hebreo *natsar* que en su buen sentido significa: proteger, mantener, obedecer.

El primer uso de esta palabra *natsar*se, se utiliza en referencia a guardar los mandamientos de Dios. Ya enunciamos las cardiopatías almáticas del corazón, por lo que es importante enunciar su prevención y las formas de protegerlo.

✓ Protegemos nuestros corazones guardando y obedeciendo la palabra de Dios, atesorando Su sabiduría, acatando Su consejo. También obedeciendo los mandamientos de la ley de Dios, porque permanecen en el corazón y son medicina a todo el cuerpo.

Debemos guardar el corazón como esa gran torre fuerte de cinco influencias, porque es el motor de vida para todo el cuerpo, de él mana la vida.

a) Falsedades: falsas ilusiones, sentimientos falsos y confusión, lo que facilita el obtener "otra realidad" fuera del plan de Dios. ¡No te dejes engañar por más atractiva que aparente ser una tentación! Todo lo falso tiene consecuencias desastrosas. En Jeremías 23:21-32, el Señor advierte contra los falsos profetas que engañan al pueblo. En 2 Pedro 1:16 se nos exhorta a no seguir: fábulas artificiosas. Este es un tiempo de múltiples doctrinas espirituales, pero muchas no buscan genuinamente a Dios, así pronuncien su nombre, porque adoran falsos dioses, (revisemos los mandamientos) y respecto a esto es fácil saber cuál viene del Padre y único DIOS verdadero, porque el libro de Juan 14: 6, dice: "Jesús le dijo:

Yo soy el camino, la verdad y la vida. Nadie puede llegar hasta el Padre si no es por mí."

Solamente con la lectura de este pasaje podemos identificar la sana doctrina, el camino a la verdad que lleva a la vida eterna, y que es Jesús, el hijo de Dios, quien murió en una cruz y derramó hasta la última gota de su sangre para vencer el imperio de la muerte "espiritual" que pesaba sobre toda la humanidad, el sacrificio de un santo, con el ADN de Dios, quien después de morir, resucitó. Su cadáver no ha sido encontrado simplemente porque esa resurrección fue en cuerpo y espíritu y al irse nos dejó al gran consolador, El Espíritu Santo (Pentecostés).

[20] Que el Dios de paz, que resucitó de la muerte a nuestro Señor Jesús, el gran Pastor de las ovejas, quien con su sangre confirmó su alianza eterna, 21 los haga a ustedes perfectos y buenos en todo, para que cumplan su voluntad y que haga de nosotros lo que él quiera, por medio de Jesucristo. ¡Gloria para siempre a Cristo! Amén (hebreos 13:20-21).

b) Resentimientos. Hebreos 12:15 nos habla del peligro de permitir que un resentimiento produzca en nosotros raíces de amargura, porque generan estorbo y contaminación a otros. La falta de perdón, una mala expresión o animadversión hacia otra persona, un chisme o murmuración, es peor que una enfermedad que carcome los huesos. Se libre de todo resentimiento.

c) Dureza. Ezequiel 36:26 dice que: "Dios cambiará nuestro corazón de piedra, por uno de carne". No permitas que experiencias decepcionantes del pasado endurezcan tus sentimientos y posibilidades de realización.

d) Tristeza. Proverbios 17:22 dice: "El corazón alegre constituye buen remedio, mas el espíritu triste seca los huesos". Todos nos entristecemos por una u otra razón. Pero no permitas que esos episodios de tristeza se acumulen de tal forma que ahoguen nuestro potencial de superación; produzcan victimización y terminen en cuadros clínicos de depresión.

e) *División*. Significa tener dos pensamientos o dos sentimientos encontrados. No podemos estar en la luz y en las tinieblas al mismo tiempo. Seamos firmes en nuestro caminar con Dios y no nos enredemos en pecado, por simple o tentador que parezca. Santiago 1:8 dice que: "El hombre de doble ánimo es inconstante en todos sus caminos". Lo que permitas en tu corazón, determinará tus caminos. ¡GUÁRDALO!

He aquí un gran consejo contenido en proverbios 4: 24-27:

[24] Aparta de ti la perversidad de la boca, y aleja de ti la iniquidad de los labios. (La muerte y la vida están en poder de la lengua, el que la ama beberá de sus frutos).
[25] Tus ojos miren lo recto, y diríjanse tus párpados hacia lo que tienes delante. (Deja el pasado, el dolor atrás, decide continuar tu vida perdonando y trayendo sanidad del alma a experiencias dolorosas a través del perdón).
[26] Examina la senda de tus pies,[1] y todos tus caminos sean rectos. (Determina seguir el camino correcto, el camino de la paz, la justicia, la honestidad, la bondad y el amor).
[27] No te desvíes a la derecha ni a la izquierda; aparta tu pie del mal. (Una vez tengas claro tu camino no te apartes de éste ni permitas que la tentación te desvíe de los planes y propósitos que Dios tiene para ti).

5.2. CUIDA TUS OJOS. Humecta frecuentemente tus ojos con bondad, dice en las Sagradas Escrituras en el libro de Proverbios 4:25. Tus ojos miren lo recto, y diríjanse tus párpados hacia lo que tienes delante. Es decir, aleja de tus ojos la maldad, el deleitarse viendo lo corrupto, lo malo, lo que hace daño a los demás, que siempre tus ojos se dirijan hacia adelante dejando el pasado atrás, recordándolo como un instrumento para ser quien eres hoy. Mira toda la bendición creada para tu deleite, el azul y la inmensidad del cielo, el verde de la naturaleza, cada pájaro que canta, cada persona que sonríe, que te ama, que te bendice, que se alegra de verte o de que estés a su lado.

No mirando nosotros las cosas que se ven, sino las que no se ven; pues las cosas que se ven son temporales, pero las que no se ven son eternas (2 Corintios 4:18). Recuerda siempre que cuando vemos en otro lo malo, es porque no estamos viendo la viga de nuestro ojo. Tal como está escrito en San Lucas 6:42. "O cómo puedes decir a tu hermano: Hermano, déjame sacar la paja que está en tu ojo, no mirando tú la viga que está en el ojo tuyo. Hipócrita, saca primero la viga de tu propio ojo, y entonces verás bien para sacar la paja que está en el ojo de tu hermano".

5.3. CUIDA TU BOCA. Aparta de ti la perversidad de la boca, y aleja de ti la iniquidad de los labios, es otra exhortación del versículo 24 de proverbios 4. Por tu boca deben salir únicamente palabras de bendición, piensa muy bien qué fruto sale de tu boca, porque es un indicativo de lo que hay en tu corazón. Revisa cautelosamente si emites juicios frente a otros, si sólo piensas mal respecto a los demás, si no ves cualidades o virtudes en otro ser humano, es mejor que aprendas a abstenerte de decirlo, cuídate de deshonrar. Una palabra puede significar una atadura, una bendición, una maldición, una exhortación, una edificación a otra persona. Con una palabra puedes terminar con un gran amor o conquistarlo, puedes marcar a alguien para bien o para mal, puedes ser de recordación perpetua, porque las palabras tienen vida, no se ven, pero se sienten, son espirituales. Aprende con tu boca pronto a decir: PERDÓN, TE AMO, GRACIAS, TE BENDIGO, TE ACEPTO, TE RESPETO.

El camino del perfeccionamiento de una persona se encuentra en los dichos de su boca, quien refrena o piensa dos veces para hablar ha hecho consciente lo determinante que es el fruto de sus labios. Quien le coloca freno a sus dichos, a lo que habla, también tendrá la capacidad de controlar su cuerpo.

Por una mala conversación se pueden corromper las buenas costumbres (1 Corintios 15:33. No erréis; las malas conversaciones corrompen las buenas costumbres). Dice: no erréis, eso significa no te engañes. Si das lugar a este tipo de conversaciones, muy seguramente empezarán maquinaciones en tu mente y corazón que antes no tenías, es por eso que debes tener claro los límites de las conversaciones, las cuales deben estar dirigidas a edificar la vida de los interlocutores, y eso es fácil identificarlo porque en cada conversación debes sentir paz en tu alma, producto de que fuiste edificado con lo que hablaste con alguien.

Recuerda que si quieres amar la vida y ver días buenos, refrena tu boca del mal.

5.4. CUIDA TUS OIDOS. Que éstos, como un receptor, estén prestos a escuchar palabra de sabiduría (proverbios 23:12), palabra que edifica, consejos sabios para tu vida. En el mundo físico, el oído es el encargado de mantener el sentido del equilibrio. Por lo tanto, deben alejarse de palabras y personas necias, de quienes maldicen con su boca, de quienes maquinan maldad. Lo que entra por tu oído tiene vocación de permanecer en tu corazón, lo que está guardado en tu corazón determina tu vida. Es importante que seas el dueño de lo que decides escuchar. A través de los oídos ingresan buenas o malas palabras, la música que edifica tu vida, siendo la alabanza la principal fuente de conexión con Dios. (Marcos 4:24. También les decía: Cuidaos de lo que oís. Con la medida con que midáis, se os medirá, y aún más se os dará).

Que la palabra y la alabanza sean música para tus oídos, la cual edificará tu vida en el conocimiento de Dios y en sus planes para tu vida. Inclina tu oído al conocimiento de lo santo, así discernirás con certeza lo impuro. Determina qué es lo correcto que debe ingresar por tus oídos y sigue firme en ello, retén lo que tienes, persevera hasta el fin, para que nadie tome tu corona, lo que te ha sido entregado en esta tierra, cuida tus dones.

Muchos deben entrar en taller intensivo de aislamiento acústico con el fin de realizar una limpieza de cera espiritual que ha ensordecido la voz de Dios, que nuestra alma y espíritu anhela, para conectarse con la verdadera naturaleza espiritual y propósito perfecto por el cual fuiste llamado. (https://www.iglesia.net/index.php/estudios-biblicos/leer/el-cuerpo-y-los-sentidos)/

5.5. CUIDA TU NARIZ. A través de ella inhalas la vida, que tal si te preguntas cómo te huele tu vida, los que están a tu alrededor, tu familia, tu entorno, tu trabajo, eres feliz o sientes permanentemente que todo huele mal. O, por el contrario, sabes que tu nariz está ahí pero no percibes nada con ella. No hueles nada. En Génesis encontramos lo determinante de este sentido cuando describe que Dios formó al hombre del polvo de la tierra, y "sopló en su nariz aliento de vida", es decir, ahí el hombre fue alma viviente. Con la nariz hubo conexión con el espíritu, aliento de vida. Algunos de los olores que percibimos son espirituales, precisamente porque fue este órgano el elegido por Dios para que viviéramos. El soplo, el espíritu, el aliento de vida; recordemos que viene de la voz hebrea *ruah:* "es la señal y el hálito de vida" y del griego *pneuma:* aire en movimiento, viento o aliento, recordemos que quien sopló fue Dios. Salmos 150:6. "Todo lo que respira alabe al Señor".

Muchos, lo que respiran es dureza, maldad, como lo indica el libro de Salmos 27:12: "No me entregues a la voluntad de mis enemigos, porque se han levantado contra mí testigos falsos y los que respiran crueldad".

En muchas ocasiones, cuando alguien pide nuestra opinión, decimos: "Eso me huele mal", para connotar que no vemos que sea bueno o conveniente. Es el olfato el que también nos ayuda a determinar lo bueno de lo malo, lo puro de lo impuro. La nariz sirve para eliminar impurezas y suciedad, para que éstas no lleguen directamente a nuestro cuerpo, así mismo nos sirve para elegir lo conveniente o no en nuestras vidas.

Algunas personas han vivido experiencias espirituales con el sentido del olfato, por ejemplo, han llegado a lugares de aparente limpieza física pero su olfato les indicó un olor nauseabundo, como si hubiera algo en el ambiente que no tenía explicación aparente porque todo estaba impecable. Eso es tener los sentidos espirituales ejercitados para percibir lo que no se ve en lo físico.

2 Corintios 7:1. "Así que, amados, puesto que tenemos tales promesas, limpiémonos de toda contaminación de carne y de espíritu, perfeccionando la santidad en el temor de Dios".

5.6. CUIDA TUS MANOS, las cuales representan la obra, lo que hacemos en esta tierra, que son instrumento de trabajo y bendición para obtener tu sustento y se asocian con el sentido del tacto, con la interacción con el otro. En muchas ocasiones tus actos están causando grandes heridas en los demás, sin ser consciente de ello. Hay manos que acarician, que abrazan cuando las palabras sobran, hay manos llenas de amor y misericordia, de generosidad, pero también hay manos que están dispuestas a la corrupción, a robar, a matar, consagradas a la maldad. Otras, se levantan para alabar a Dios y decirle: gracias, sé que estás ahí, sé que fuiste tú el dador de este milagro. Hay manos dadoras al necesitado, manos incansables de hacer el bien. ¿Y tus manos, a qué se dedican?

5.7. CUIDA TUS PIES. Tus pies son los que sostienen todo tu cuerpo, son indicativos hacia dónde te diriges en la vida, algunos tienen pies suaves y delicados, otros fuertes y callosos, grandes y pequeños, todos hablan de cada uno. ¿Qué camino recorres?, ¿tus pies se apresuran a cumplir con lo que te fue encomendado, te diriges por el camino recto?, ¿Has seguido los pasos de otros sin discernir si es bueno o malo? ¿Tienes claro el camino que debes de seguir? ¿Tienes certeza del propósito para el cual fuiste creado?, recuerda que encontrarlo es determinante para que tu vida en esta tierra cobre sentido. ¿Has sentido literalmente que te han pisoteado? es decir, ¿Te han humillado, maltratado o no te han valorado? Empieza a perdonar a quienes lo han hecho, decide hacerlo, decide darte hoy ese regalo maravilloso, perdona esa ofensa de humillación, de subestimación, donde te hicieron sentir de menos, pisoteado y sin valor.

Recuerda que sólo Dios es quien juzga, porque es el único que lo hace con justicia.

Tus pies deben dirigirse hacia la paz y salir corriendo cuando el terreno sea tenebroso y sea camino de perversidad. Deben desarrollar tanta sensibilidad que se apresuren rápidamente a cumplir metas y no postergar para el día de mañana, huye de la procrastinación, deben hacer pausas, porque la vida te presentará circunstancias que te harán creer que es imposible continuar, aún así, debes retomar tu camino, cumpliendo tu propósito en la tierra, hasta que llegues a tu parada final.

Recuerda... hermosos son los pies de los que anuncian la paz. ¡Qué hermoso es ver llegar por las colinas al que trae buenas noticias, al que trae noticias de paz, al que anuncia la liberación y dice a Sión: "Tu Dios es rey". (Isaías 52:7).

DECÁLOGO DEL CUIDADO DEL CUERPO

1. Desintoxicarás tu cuerpo una vez al año.

2. Humectarás frecuentemente tus ojos con el bálsamo de la bondad.

3. Evitarás observar lo inmundo, obsceno y todo acto de maldad.

4. Bendecirás con tu boca en todo tiempo.

5. Evitarás consumir sustancias que alteren tus estados de consciencia.

6. Ejercitarás cada mañana tus sentidos espirituales para conectarte con la voluntad del Padre.

7. Inhalarás y exhalarás gratitud diariamente por el regalo de la vida concedida por el Creador.

8. Bendecirás al necesitado con la generosidad de tus manos.

9. Caminarás por el sendero de la rectitud y la obediencia.

10. Desconectarás tu cuerpo periódicamente de los afanes de la vida.

CAPÍTULO 6.
MANUAL DE COMPORTAMIENTO COTIDIANO

En la actualidad la mayoría de nosotros desempeña multiplicidad de roles simultáneamente, estos pueden ser el de padre, madre, esposo/a, hijo/a, hermano/a, tío/a, empresario/a, profesional, amigo/a, etc., los cuales constituyen el desarrollo de la vida. Aunque decimos que para ser padres no existe un manual, en este capítulo, como en los demás, quisiera traer muchos elementos o instrucciones para el desempeño eficaz de nuestros roles.

6.1. ROL DE PADRES. Cuando nos convertimos en padres, nuestra vida cambia, y reconocemos la grandeza de Dios y su amor al darnos tanta felicidad, al concedernos cuidar su herencia, porque los hijos solamente vienen de Dios. Cosa de estima es el fruto de nuestro vientre.

Como padres tendremos momentos difíciles, pero ninguno es insuperable si tienes a Dios como consejero. En proverbios encontramos la premisa de instruir al niño en su camino y también encontramos instrucciones para cada etapa de sus hermosas vidas, porque verlos crecer es un gran privilegio.

Los hijos son herencia de Dios, es decir, vienen directamente del Padre, así que tienes un tesoro que cuidar de parte de Dios, una labor que es para toda la vida.

6.1.1. Niños. Es una etapa determinante de instrucción:

- **Proverbios 22:6** "… Instruye al niño en su camino, y aún cuando fuere viejo no se apartará de él". En esta etapa es cuando debemos brindar los cimientos y principios de conducta, aprovechemos los primeros años de vida para inculcar valores, temor de Dios en sus corazones, el conocimiento de palabra de sabiduría, hábitos de vida saludables, con el fin de que, en su adultez, continúe con estos. La palabra de Dios escrita hace miles de años, tiene instrucciones que hoy la neurociencia denomina plasticidad cerebral, precisamente para indicar la etapa de los niños de 0 a 5 años en donde se requiere de educación y formación que le servirá por el resto de su vida. Proverbios ya tenía escrito que la instrucción es en la niñez.

A su vez, es la etapa de establecer límites, porque el permitir que haga lo que considere, con el tiempo terminará en situaciones que se saldrán de tu alcance. Así, sabiamente lo indica Proverbios **29:15**. "El niño dejado a sus caprichos es vergüenza de su madre".

Dios ama a los niños, de ellos es el reino de los cielos, los cuida y los protege, te ha encomendado esa labor de formación, instrucción de principios y valores, de palabra de sabiduría y amor. Lo que quede guardado en sus corazones será un legado generacional porque ellos lo enseñarán a sus hijos y toda una descendencia será de bendición en esta tierra. No hay mayor tesoro que la sabiduría que dejemos en su corazón, la que regirá sus caminos y su paso en esta tierra, la que ayudará a tomar determinaciones basadas en la perfecta y santa voluntad de Dios.

Podemos brindarles comodidad material y sustento para todas sus necesidades, pero si solamente nos ocupamos de esto, llegará un momento de vacío en su vida, de pobreza espiritual, porque fue llenado únicamente el aspecto físico, consecuencia que a toda costa debemos evitar. Nuestros niños deben crecer con la convicción de la existencia de Dios. Ellos con su corazón limpio y puro ven milagros fácilmente y la vida espiritual es natural en su existencia, por lo tanto, no debemos descuidar o subvalorar esas experiencias de vida que tienen con el Espíritu

Santo de Dios. Refuérzales su fe, sé un mediador como padre o madre de la voluntad de Dios para su vida, un comunicador de la verdad de vida, desde su cotidianidad cuando va al colegio y empieza a tener visiones del reino de los cielos, cuando tiene sueños de revelación, cuando vive sus primeras diferencias con sus compañeros, el perdón debe ser un aprendizaje de vida inmediato. Explícales y háblales de Dios, responde a sus inocentes preguntas con sabiduría, la cual sólo viene de lo Alto. Como adulto, necesitarás estar en sintonía con el Padre Eterno, para así dar la respuesta a sus inquietudes y también ser honesto en decir: "no sé", antes de inventar una mentira cuando no tienes idea alguna de qué responder. (Deuteronomio 6:6,7: Estas palabras que yo te mando hoy, estarán sobre tu corazón y las repetirás a tus hijos. Joel 1:3 De esto contaréis a vuestros hijos, y vuestros hijos a sus hijos, y sus hijos a la otra generación).

Instruye a tus hijos en tener confianza en Dios, porque llegará un momento en sus vidas que papá y mamá no estarán y la firmeza de sus convicciones fundamentadas en la roca será baluarte para tomar decisiones.

Cultivar una íntima relación con el Padre e invocar la presencia del Espíritu Santo en sus vidas hará que su espíritu esté en comunión con aquel que nos dio la vida. El tener la convicción que Dios tiene un propósito eterno con cada vida, que tiene un plan maravilloso, que lo ama, son claves para que su vida adquiera sentido. (2 Timoteo 3:15: Desde la niñez has sabido las Sagradas Escrituras, las cuales te pueden hacer sabio para la salvación por la fe que es en Cristo Jesús. 1 Corintios 2:13. Hablamos, no con palabras enseñadas por sabiduría humana, sino con las que enseña el Espíritu, acomodando lo espiritual a lo espiritual).

6.1.2. Honrar a los padres. También es importante que desde pequeños aprendan la importancia de obedecer la instrucción de sus padres, pues son puestos como figura de autoridad en esta tierra, obedecerles trae alegría al corazón de Dios, siendo ésta una forma de honrarlos. Y la honra a nuestros progenitores constituye el primer mandamiento con promesa, con el regalo de la largura de días en esta tierra. Honrar es respetar, es cuidar el lenguaje, es proveer cuando sean ancianos y desvalidos y si no tienen las dos condiciones anteriores, el tenerlos en alta estima y prodigarles atención, cuidado y manutención, por tratarse de quienes nos dieron la vida. Proverbios 1:8: "Oye, hijo mío, la instrucción de tu padre, y no desprecies la dirección de tu madre". Efesios 6:1: "Hijos, obedeced en el Señor a vuestros padres, porque esto es justo". Colosenses 3:20: "Hijos, obedeced a vuestros padres en todo, porque esto agrada al Señor". Éxodo 20:12: "Honra a tu padre y a tu madre, para que tus días se alarguen en la tierra que el Señor tu Dios te da". Proverbios 23:22: "Oye a tu padre, a aquel que te engendró; y cuando tu madre envejeciere, no la menosprecies".

Actualmente parece que algunos padres celebran a sus hijos los términos displicentes y la forma como contestan cuando de exhortación se trata, la cual está muy alejada del respeto. Estamos en tiempos donde crecen de manera alarmante los homicidios cometidos por los hijos a sus padres, lo cual es un hecho aberrante, triste y vergonzoso. El parricidio sorprende porque se trata precisamente de quienes nos dieron la vida, de ahí la importancia de que nuestros hijos nos respeten y nos honren, más que un mandato, por amor.

Cuando la deshonra a los padres toca la puerta y ya no existen límites de respeto, se llega al maltrato psicológico y a la violencia física. Se podría activar para los hijos las consecuencias de la transgresión al mandamiento de "honra a tu padre y a tu madre", el cual es, que los años sobre la tierra serán acortados. (Proverbios 20:20: "Al que maldice a su padre o a su madre, se le apagará su lámpara en oscuridad tenebrosa".) Y no se trata de tomar la palabra de Dios como objeto de manipulación con los hijos, hay que ser muy cuidadosos con el uso que se hace de la palabra de Dios. Pues no está en el corazón de Dios que su santa palabra, llena de amor y sabiduría, sea tomada para manipular a los demás, debe tenerse en cuenta que el amor debe fundarse en el respeto, si hay respeto hay honra.

Para aquellos hijos que no pueden llevar una buena relación con sus padres, por cualquier motivo, y que por graves circunstancias tuvieron que alejarse de ellos, les sugiero primero declarar desde lo más profundo de su ser que los perdonan, incluso si ya no están con vida. Segundo, no hablar mal de ellos con nadie, porque sería deshonrarlos. Tercero, aunar todos los esfuerzos por cultivar una relación personal con Dios, declarando que aunque ya no tienes padres terrenales, Dios, es tu padre y madre, no estás solo, él te cuidará, estarás seguro bajo sus brazos, lo reconoces como tu guía y guardador, porque recuperando tu paternidad celestial nunca más te sentirás huérfano ni desamparado, sabrás que tienes un gigante compañero invisible porque es espíritu, pero real, viviendo contigo y cuidándote a donde quiera que vayas.

Un hijo necio entristecerá a sus padres, entendido éste como aquel que no entiende razones, no escucha el consejo de sus padres, está basado únicamente en su conducta o en su parecer.

6.1.3. La adolescencia. Se refiere a un joven que está en la pubertad hasta su edad adulta, según la página https://www.healthychildren.org. Proviene del latín adolescentia, que significa: joven, adolescente, sin embargo, la palabra se deriva del verbo latino adolescere: criarse, ir creciendo, estar creciendo, madurar, lo cual explica la derivación de la palabra. La adolescencia es quizá la más crucial en la vida de un individuo. Algunos especialistas, al abordar el tema de la adolescencia de manera espontánea por asociación mental y desconocimiento, indican que adolescencia viene del verbo castellano adolecer, compuesto de dolecer: "enfermar", indicando que la adolescencia es una etapa de carencias, que produce dolor, incluso sufrimiento, lo cual es contrapuesto a su verdadero significado y origen etimológico.

La adolescencia, se divide en tres etapas: adolescencia temprana, generalmente entre los 12 y 13 años de edad; adolescencia media, entre los 14 y 16 años de edad; y adolescencia tardía, entre los 17 y 21 años de edad. Además del crecimiento fisiológico, en estos años se proporciona el desarrollo intelectual, psicológico y social. El propósito fundamental de esta etapa es formar la propia identidad y prepararse para la edad adulta, forjando bases sólidas en principios, valores, conocimiento de Dios, como nos exhorta el libro de Eclesiastés.

Eclesiastés 12:1: "**Acuérdate de tu Creador en los días de tu juventud, antes que vengan los días malos y lleguen los años de los cuales digas: 'No tengo en ellos contentamiento'.**"

Eclesiastés 11:9-10: "**Alégrate, joven, en tu juventud, y tome placer tu corazón en los días de tu adolescencia; y anda en los caminos de tu corazón y en la vista de tus ojos; pero sabe, que sobre todas estas cosas te juzgará Dios. 10 Quita, pues, de tu corazón el enojo y aparta de tu carne el mal; porque la adolescencia y la juventud son vanidad.**"

6.1.4. Exhortación a los padres para la instrucción de los hijos. Toda instrucción dada a los hijos debe ser basado en el respeto del SER. No por ser niños, o por ser nuestros hijos deben ser tratados con términos desafiantes, deshonrosos, con apodos, con sátira. Ninguna palabra que no sea para edificar debe ser proferida a nuestros hijos, porque para los padres también existen mandatos divinos, los cuales comparto a continuación:

Efesios 6:4: "Padres, no hagan enojar a sus hijos, sino más bien críenlos con disciplina e instrúyanlos en el amor del Señor" (DHH).

Colosenses 3:21: "Padres, no exasperéis a vuestros hijos, para que no se desalienten".

1 Tesalonicenses 2:7: "Fuimos tiernos entre vosotros, como la nodriza que cuida con ternura a sus propios hijos".

1 Tesalonicenses 2:11: "Como el padre a sus hijos, exhortábamos y consolábamos a cada uno de vosotros".

Proverbios 16:6: "Con misericordia y verdad se corrige el pecado y con el temor del Señor los hombres se apartan del mal".

6.1.5: "Ora a Dios por tu hijo". Cada uno de nosotros somos diferentes, así mismo, tus hijos no son iguales a los de tu amiga o vecina, razón por la cual no podemos estandarizar las reglas o las pautas de crianza, sin antes orar a Dios por la dirección que debemos tener al momento de formar a nuestros hijos, contestar sus particulares preguntas con sabiduría que viene de lo Alto, dar un consejo y una palabra de aliento en el momento preciso. Cada hijo es diferente, pide a Dios que te indique la adecuada forma de instruir y disciplinar a cada uno. No hagas comparaciones por considerar que, como padre, fuiste mejor que tu hijo, pues al ser hechura de Dios, como tú, Dios tiene un plan perfecto para su vida, más bien, ora a Dios para que ese plan se cumpla en esta tierra.

6.1.6. Corrige a tu hijo. Como fundamento del amor a nuestros hijos está la corrección, la cual debe empezar a muy corta edad, con el fin de tener claro que todas las acciones en nuestra vida tienen consecuencias buenas o malas dependiendo de nuestro actuar, también es una forma de adquirir responsabilidad. Los tipos de correcciones cada familia los tipifica y cambian de generación en generación, nuestros abuelos corregían con sangre y marcaban el cuerpo y el corazón, pero sabemos que esa "vara" cumplió un objetivo, el dejar claro que esa conducta no podía volver a repetirse. Perdona hoy a ese padre o abuelo que dejó una huella imborrable que trascendió tu alma y aunque nunca le dijiste, creó en ti cierto grado de resentimiento hacia él. Era su lenguaje de amor, así fue educado, así aprendió a vivir y así consideró que se educaban correctamente los hijos.

Los actuales padres suprimen los múltiples entretenimientos y el uso de cosas con los cuales han crecido. Con sólo quitar el celular o, en su defecto el cargador, basta para algunos, para otros se utilizarán múltiples consecuencias, incluso necesitarán la ayuda profesional para poder corregir y encaminar a su hijo por el camino que debe seguir. Proverbios nos guía al respecto así:

Proverbios 13:24. "Quien no corrige a su hijo, no lo quiere; el que lo ama, lo corrige".

Proverbios 19:18. "Corrige a tu hijo mientras aún pueda ser corregido, pero no vayas a matarlo a causa del castigo".

Proverbios 22:15. "La necedad está ligada en el corazón del muchacho; mas la vara de la corrección la alejará de él".

Proverbios 23:13-14. "No dejes de corregir al joven, pues unos cuantos azotes no lo matarán; por el contrario, si le corriges, le librarás de la muerte".

Proverbios 29:17. "Corrige a tu hijo y te dará descanso, y dará alegría a tu alma".

Tarde o temprano, Dios nos preguntará qué hicimos con nuestros hijos, de ahí la importancia de la corrección cuando son pequeños. Recuerda que el niño dejado a sus caprichos es vergüenza de su madre. (Proverbios 29:15).

De pronto fuiste de aquellos padres que corrigió a sus hijos desde pequeños, tu rol fue desempeñado con dedicación y esmero, pero tienes hijos descarriados, desobedientes, groseros, incluso que no andan por el camino recto, que se volvieron tras la avaricia, dejándose sobornar y pervirtiendo el derecho, en este caso la opción es entregárselos a Dios, pues bien sabes que llega un momento en donde cada uno es responsable por el uso que hizo de su libre albedrío, el cual también fue entregado por Dios. Al instruir a tu hijo correctamente, has cumplido esa tarea delante de los ojos de Dios.

Cuando tienes varios hijos, debes tratar de ser muy equilibrado y equitativo en la educación de todos, no creando favoritismos, ni parcialidades, las cuales pueden causar muchos inconvenientes. Tengan presente que todos son diferentes, hasta los gemelos, todos tienen fortalezas y debilidades, reconócelas pronto, para hacer de ellos un buen equipo de hermandad, creciendo en el respeto por su individualidad sin crear rivalidades ni envidias. En la Biblia existen dos ejemplos claros de favoritismo o predilección de un hijo respecto del otro, lo cual genera, enemistades, desamor, odio y envidia entre hermanos, veamos uno de ellos:

Génesis 37:3,4. Israel amaba a José más que a sus otros hijos, porque lo había tenido en su vejez. Por eso mandó que le confeccionaran una túnica muy elegante. Viendo sus hermanos que su padre amaba más a José que a ellos, comenzaron a odiarlo y ni siquiera lo saludaban.

Sabemos bien que el odio y envidia que se forjó en el corazón de los hermanos de José, hizo que estos conspiraran contra él para matarlo, como no fueron capaces de manchar sus manos de sangre, lo vendieron a los ismaelitas (mercaderes) siendo llevado a Egipto. En Egipto fue vendido a Potifar oficial de faraón y capitán de la guardia. Cuando llegaron a su casa, su padre entró en gran depresión y dolor, pues enviaron a él la túnica de José teñida con la sangre de un cabrito, con un mensaje que indicaba: "Esto hemos hallado, reconoce ahora si es o no la túnica de tu hijo". Después sabemos que tal situación se convirtió en la gran bendición de José porque llegó a interpretar los sueños de faraón convirtiéndose en la segunda autoridad de Egipto. Una gran enseñanza, que termina en reconciliación y perdón entre hermanos y en el privilegio de un padre que se reencuentra con su amado hijo.

6.2. ROL DE AMIGOS. En nuestra vida cotidiana y a lo largo de nuestros años de vida, hemos cultivado grandes lazos de amistad, así como también algunas relaciones entrañables se han roto. La Biblia, como todo un manual para la vida, también sabiamente nos guía al respecto:

- Elige muy bien tus amistades. "Quien se junta con sabios, sabio se vuelve; quien se junta con necios, acaba mal." (Proverbios 13:20).

- Cuídate de los chismosos. "El que es perverso provoca contiendas; el chismoso aparta a los mejores amigos". (Proverbios 16:28).

- Sé perdonador con las faltas de tus amigos. "El que perdona el pecado, busca afecto; el que lo divulga, aleja al amigo". (Proverbios 17:9).

- El verdadero amigo es como un hermano. "El amigo ama en todo momento; en tiempos de angustia es como un hermano." (Proverbios 17:17) "Hay amigos que no son amigos, y hay amigos que son más que hermanos. (Proverbios 18:24).

- Aleja las personas agresivas. "No tengas nada que ver con gente violenta, ni te hagas amigo de gente agresiva, para que no imites su conducta y tú mismo te tiendas una trampa. (Proverbios 22:24-25).

- El consejo de un amigo trae alegría. "El bálsamo y el perfume alegran el corazón; los consejos del amigo alegran el alma". (Proverbios 27:9).

- Un amigo influirá en tu forma de ser. "No se dejen engañar, las malas compañías corrompen las buenas costumbres". (1 Corintios 15:33).

- Un amigo es un guía. "Cuando no hay buen guía, la gente tropieza; la seguridad depende de los muchos consejeros". (Proverbios 11:14).

- El privilegio de ser amigo de Dios. "Éste es mi mandamiento: Que se amen unos a otros, como yo los he amado. Nadie tiene mayor amor que éste, que es el poner su vida por sus amigos. Ustedes son mis amigos si hacen lo que yo les mando. Ya no los llamaré siervos, porque el siervo no sabe lo que hace su señor; yo los he llamado amigos, porque todas las cosas que oí de mi Padre, se las he dado a conocer a ustedes". (Juan 15:12-15).

6.3. ROL DE ESPOSOS. Al hombre se le exhorta a amar a su mujer y no ser áspero con ella (Colosenses 3:19). Tratarla como a vaso frágil, es decir, con delicadeza (1 Pedro 3:7), amar a su esposa como a su propio cuerpo (Efesios 5:28), dejar a su padre y a su madre para unirse a ella y así formar una sola carne (Efesios 5:31), amar a la mujer como a sí mismo (Efesios 5:33). El que halla esposa halla algo bueno y alcanza el favor de Dios. (Proverbios 18:22). Que el deleite del esposo sea su esposa, que en su amor pueda regocijarse siempre. (Sea bendita tu fuente y regocíjate con la mujer de tu juventud, amante cierva y graciosa gacela; que sus senos te satisfagan en todo tiempo, su amor te embriague para siempre. Proverbios 5:18-19).

6.4. ROL DE ESPOSAS. Tan importante es la mujer, que desde el principio vio Dios que no era bueno que el hombre estuviera solo, por eso le hizo una ayuda idónea (Génesis 2:18). A la mujer le corresponde ser sabia: "La mujer sabia edifica su casa, pero la necia con sus manos la derriba". (Proverbios 14:1). Virtuosa: "Mujer virtuosa ¿quién la hallará? Porque su valor sobrepasa largamente al de las piedras preciosas. El corazón de su marido confía en ella y no carecerá de ganancias" (Proverbios 31:10). Y Temerosa de Dios, ser ejemplo de búsqueda de Dios: "Engañosa es la gracia y vana es la hermosura; la mujer que tema a Jehová, esa será alabada" (Proverbios 31:30).

Especial importancia tiene la mujer sabia, virtuosa, prudente asemejándose a ser corona de su esposo, pero quien no tiene esas virtudes, sino que lo avergüenza, es como podredumbre en sus huesos (Proverbios 12:4).

6.5. LA SEXUALIDAD. La sexualidad es la unión de lo biológico, lo social, lo sicológico y lo cultural. Es todo aquello que tiene que ver con el comportamiento, las actitudes y los sentimientos de la persona; forma parte fundamental de la personalidad del individuo y está orientada por la razón, la voluntad y las demás dimensiones y valores del ser humano. (https://profamilia.org.co/preguntas-y-respuestas/sexualidad-masculina-y-femenina/)

La sexualidad es un aspecto inherente al ser humano. El apóstol Pablo es claro al respecto: "Acerca de lo que me habéis preguntado por escrito, digo: Bueno le sería al hombre no tocar mujer. Sin embargo, por causa de las fornicaciones tenga cada uno su propia mujer, y tenga cada una su propio marido. El marido debe cumplir con su mujer el deber conyugal y asimismo la mujer con su marido. No os neguéis el uno al otro, a no ser por algún tiempo de mutuo consentimiento, para ocuparos sosegadamente en la oración. Luego volved a juntaros en uno, para que no os tiente Satanás a causa de vuestra incontinencia". (Corintios 7:1-5). Así pues, para huir de las fornicaciones (sexo fuera del matrimonio), Pablo aconseja al hombre y la mujer casarse, tener relaciones frecuentemente para evitar tentaciones y no negar el sexo el uno al otro. Considero importante tener en cuenta, para este aspecto, lo enunciando en el tema que se trató en UN CORAZÓN DADO A LA SENSUALIDAD en el punto 5.1.7.

6.6. EL ROL DE LA MUJER.

La mujer como creadora de vida, es altamente intuitiva, desarrolla una conexión espiritual con sus hijos y fácilmente con quienes están a su alrededor, llamada a conciliar, a hablar con sabiduría, a construir su hogar desde el amor, la paz y la comprensión. La mujer de hoy desempeña multiplicidad de roles, ama de casa, profesional, madre, esposa, hija, hermana, tía, empresaria y gran emprendedora, es la llamada a construir espacios, por eso realiza simultáneamente diferentes actividades debido al funcionamiento del cerebro femenino y sus hemisferios, que favorece el razonamiento analítico, el procesamiento de la información y como ya se indicó, la intuición.

Proverbios 19:14. Casa y riqueza son herencia de los padres, pero la mujer prudente viene del Señor.

Proverbios 31:10. Mujer hacendosa ¿quién la hallará? Su valor supera en muchos al de las joyas.

6.7. EL ROL DE HOMBRE.

El funcionamiento del cerebro masculino es más eficiente para acciones coordinadas y las percepciones, bíblicamente el hombre es cabeza y debe ocuparse en gobernar bien su casa, proveer para el bienestar físico, moral y emocional de su familia. Deben ser autoridad con amor y no por temor. La figura paterna es determinante en el desarrollo de la paternidad espiritual con Dios. Muchos tienen una visión de un Padre celestial castigador que al mínimo error llegó la consecuencia, otros de un Padre completamente ausente, a quienes les cuesta mucho creer que existe y que está allí para suplir todas nuestras necesidades. Absolutamente todas las visiones que tienes de tu padre terrenal se pueden sanar, para aperturar en tu vida una relación sana, directa, tierna, protectora y amorosa con papito Dios. El amor de Dios estuvo allí en todo momento, aún cuando tu padre terrenal te abandonó, ni quiso proveer para ti, ni hacerse cargo de tus necesidades, tal vez no te dio su apellido, ni te reconoció; en esos momentos de abandono, tu Padre celestial estuvo allí y proporcionó otros brazos, que se hicieran cargo de ti, de tus necesidades, a quien le dices "papá" sin ser tu padre biológico pero te amó desde que te conoció.

Sanar las heridas que tienes con tu padre terrenal, será un paso importante para conectarte con Dios. Él te está esperando en estos momentos, está esperando que lo reconozcas como tu Padre, tu Creador, aún cuando eras despreciado por tu padre biológico, cuando otros no querían que tú nacieras, cuando otros abusaron de ti, Dios te amaba, lloraba contigo y te abrazaba.

Proverbios 20:6-7: "Muchos hombres proclaman su propia lealtad, pero un hombre digno de confianza, ¿Quién lo hallará?"

6.8. ROL PROFESIONAL/LABORAL. El ambiente laboral es determinante para tener una vida saludable, pues es allí donde permaneces gran parte de tu tiempo, éste debe estar basado en el imprescindible respeto por las individualidad de los demás. En la Biblia encontramos varios versículos que nos instan a desempeñar nuestra labor con diligencia, como agradando a Dios, sintiendo que él está viendo cómo aprovechamos el tiempo, con respeto por nuestra autoridad, la cual por Él es establecida. Veamos algunos pasajes:

- Pon en manos del Señor todas tus obras y tus proyectos se cumplirán. (Proverbios 16:3).

- Hagan lo que hagan, trabajen de buena gana, como para el Señor y no como para nadie en este mundo, conscientes de que el Señor los recompensará con la herencia. (Colosenses 3:23-24).

- El de manos diligentes gobernará; pero el perezoso será subyugado. (Proverbios 12:24).

- Cuando comieres el trabajo de tus manos, bienaventurado serás y te irá bien. (Salmos 128:2).

- A todo hombre a quien Dios da bienes y riquezas, le da también facultad para que coma de ellas, tome su parte y goce de su trabajo. Esto es don de Dios" (Eclesiastés 5:19).

- Acuérdate del día de reposo para santificarlo. Seis días trabajarás y harás toda tu obra; mas el séptimo día es reposo para Jehová tu Dios. (Éxodo 20:8-10).

Cualquiera que fuere el rol que desempeñas en esta tierra, nunca pierdas tu relación con Dios, si aún no has empezado hazlo hoy, recuerda que Dios no es religión sino relación personal. Si lo buscas lo encontrarás, si clamas a Él te responderá, si pides su guía la obtendrás, si le abres las puertas de tu corazón, entrará. Recuerda que Él es un caballero, si no le permites entrar a tu vida, no lo hará. Dile que quieres que entre en tu corazón, que anhelas su presencia y sentirlo tan real como el aire que respiras. El día que empieces a conectarte con su presencia divina encontrarás alivio y consuelo para tu alma, en donde están todas tus emociones. Es un verdadero refrigerio, venimos de Él y para allá regresamos. Él es por excelencia el médico del alma y el cuerpo, el mejor psicólogo, pues conoce las causas de todas las enfermedades emocionales. Es el gran consejero porque su Santo Espíritu nos guía y sustenta en la tribulación. Sigue adelante, prosigue a la meta, al supremo llamamiento, en ti está el ADN de una persona victoriosa, porque el sacrificio de su amado hijo Jesús en la cruz, no fue en vano, fue por amor a ti. Con amor eterno nos ama, por lo tanto, nos otorgará su misericordia.

CAPÍTULO 7.
NUESTRO PASO TRANSITORIO EN ESTA TIERRA

Hoy es un día menos en el calendario de nuestros días, pero también es un día más de misericordia de Dios, que nos permitió abrir nuestros ojos cuando muchos hoy no tuvieron esa oportunidad.

Esta existencia es transitoria, porque en cualquier momento se puede perder y el ser conscientes de ello nos permitirá contar cuidadosamente nuestros días para traer a nuestro corazón sabiduría.

Vivir conscientes que la muerte nos puede llegar en cualquier momento y a cualquier edad, que estamos aquí no por nuestra juventud y salud, sino como un regalo divino del Padre, nos hace ser muy cautelosos con nuestras palabras y acciones, porque a través de la boca legislamos y proferimos decretos, afectamos o edificamos vidas, por lo tanto, debemos pensar dos veces lo que vamos a decirle al otro, como si fuera el último encuentro que tuvieras con él.

Mantén liviana la maleta de tu viaje a la eternidad, a través del perdón, para no tener tanto trabajo al final por exceso de equipaje. Con tanto peso (ira, rencor, maledicencia, envidia, celos, falta de perdón, etc.) el viaje no será igual de placentero y gratificante. Piensa por un instante si hoy fuera tu último día, quisieras que horas de vida fueran añadidas para terminar algunos asuntos, ¿qué tal una llamada a un familiar con quien no hablas hace años?, o tu amigo de toda la vida, o tu ex esposo/a, o un hijo, o tu papá o mamá. ¿Con quién quedó pendiente un perdón, un te quiero, un gracias?

Para algunos, la intempestiva enfermedad les anunciará que es tiempo de partir, pero otros, marcharán sin despedirse y sin dolencias, algunos tendrán tiempo de todo, otros simplemente no dirán adiós. El amor a tus seres queridos implica que estarás con ellos hasta el fin, aunque sientas que el alma se parte y que tu corazón se paraliza, Dios te dará las fuerzas suficientes para continuar, porque recuerda, todos nos iremos, la eternidad con Dios nos espera, el cielo es real si adquiriste el pasaporte de la salvación de tu alma aquí, en esta tierra.

Así que empieza hoy a vivir contando tus días, así duremos ochenta años, es un gran ejercicio para adquirir sabiduría, porque cuidarás tus actos y palabras, conscientes que serán el último recuerdo que tengan de ti, entonces ¿qué quieres dejar sembrado en cada alma que estuvo a tu alrededor?

Enséñanos de tal modo a contar nuestros días, para que traigamos al corazón sabiduría. (Salmos 90:12).

CAPÍTULO 8.
CONSCIENTES DE NUESTRO LEGADO

Todos dejaremos en alguien una huella imborrable en su alma, ésta constituirá el legado que dejarás en cada uno cuando te vayas eternamente. En tus hijos, necesariamente dejarás todo, lo bueno y lo malo, la forma de hablar, expresarte, tu chiste preferido, la comida predilecta, las grandes enseñanzas que formaron su carácter y que trazaron su forma de vivir, porque son nuestra descendencia.

Sin embargo, a lo largo de nuestra existencia hemos interactuado con muchas personas, y esos fragmentos de vida compartidos con otro ser necesariamente han dejado huellas en su corazón, eso hace parte de tu legado.

¿Cómo te recordarán? Es una gran pregunta para reflexionar, no exclusivamente en un futuro o pensando en la cercana o lejana partida, simplemente es una pregunta para el hoy, porque ahí está la construcción del futuro. Pensar en lo que estás sembrando hoy, traerá una indubitable decisión de cambio.

Porque sabes que si el cuidado de todo tu ser: espíritu, alma y cuerpo, con los fundamentos que Dios determinó para todos en esta tierra, tu vida mejorará y será gratificante y maravillosa tu estadía. (Recita siempre el libro de la ley y medita en él de día y de noche; cumple con cuidado todo lo que en él está escrito. Así prosperarás y tendrás éxito. Josué 1:8).

Pensar en tu legado te cambiará la vida, porque nadie quiere ser recordado por la maldad de su corazón sino por las virtudes de éste, incluso por aquellas cosas que determinaron cambios, por palabras llenas de sabiduría que fueron instrumento para decirte que Dios está contigo, que no estás solo en este trayecto y que Él siempre estará ahí para entenderte. Cuánto recordarás al que no te juzgó, pero sí te dijo lo que nadie había tenido el valor de hacerlo, que fue clave para tomar una decisión que cambió tu vida. Puedes dejar un legado de abrazos, de sonrisas, de palabras sabias, de amor, o puedes dejar un legado de rencor, de celos, ira, contienda o maledicencia, tú decides.

Algunos se han concentrado exclusivamente en su legado terrenal pensando únicamente en la transmisión de bienes de una generación a otra, siendo ésta importante para el bienestar físico y material de nuestra descendencia, quienes continúan no pueden vivir esta vida cambiando el orden de lo importante, porque si tus ojos están puestos en el reino de los cielos, la añadidura de lo material llegará de una manera sorpresivamente sobreabundante. La herencia de lo incorruptible es un legado eterno, porque eres un ser espiritual con una necesidad de tener experiencias sobrenaturales que puedan cimentar tu existencia con bases firmes de la realidad de tu ser. Dios te dio el soplo de vida y el alma en un cuerpo físico, por eso el reencuentro y reconciliación con el Padre no puede esperar, agradecerle a Él por todo lo que te ha dado es fundamental para estar aquí.

Por eso no esperemos a estar en nuestros últimos días para abrirle la puerta de nuestro corazón a Dios, que te ha amado desde antes que estuvieras en el vientre de tu madre, ya te conocía, y su amor implicó enviar a su unigénito hijo para que en un acto de sacrificio, dolor y amor, muriera en un madero, para que el pasaporte del cielo lo tuviéramos todos aquellos que en él creemos. Porque de Jesucristo no hay cadáver, evidencia incólume de su resurrección, es quien está sentado a la derecha del Padre, reconcíliate con Dios a través de Él, invítalo a tu vida, ábrele la puerta de tu corazón hoy, con esta oración:

Amado Padre Celestial, vengo a ti, con todo mi corazón, alma, mente y espíritu, creo en ti y reconozco a tu unigénito hijo como el único Salvador de mi alma. Entra a mi corazón, perdona todo mi pecado, mis acciones y pensamientos con los cuales te he ofendido, te pido que inscribas mi nombre en el libro de la vida y no me borres jamás, y cuando parta de esta tierra, mi alma more eternamente contigo.

"Que, si confiesas con tu boca que Jesús es el Señor y crees en tu corazón que Dios lo levantó de entre los muertos, serás salvo. 10 Porque con el corazón se cree para ser justificado, pero con la boca se confiesa para ser salvo". (Romanos 10:9-10).

Jesús le dijo: Yo soy la resurrección y la vida; el que cree en mí, aunque muera, vivirá, (Juan 11:25).

ORACION DE ROMPIMIENTO DE LIGADURAS DEL ALMA

Dios Todopoderoso, invoco tu presencia y tu poder, en el nombre de tu amado hijo Jesús, desde lo más profundo de mi ser y con toda mi alma, mente y espíritu, te pido perdón por haber sido una sola carne con las siguientes personas_____ (enunciarlas una a una por nombre, incluso abuso sexual, violación o actos sexuales con o sin penetración). Desligo mi alma, mi cuerpo y espíritu de _____(nombre) desligo mi alma, cuerpo y espíritu a ese momento y lugar donde sucedió, en el nombre de Jesús, quebranto, destruyo, desligo y arranco de mi ADN espiritual y físico, cualquier conexión o partículas de ADN de esa persona en mí. Declaro ahora que soy libre de toda influencia, poder o derecho legal que esas relaciones ilícitas tuvieron en mi vida. Ordeno ahora que toda maldición, yugo de esclavitud, depresión, enfermedad, espíritu inmundo salga ahora de mi cuerpo, de mi sangre, de mi mente, de mi corazón, me desligo ahora e invoco el poder de la sangre preciosa de Jesús que limpia y recorre todo mi cuerpo. Consagro a ti Señor, Dios Todopoderoso, Creador de los cielos y la tierra, todo mi ser, espíritu, alma y cuerpo, sopla en mi vida tu Santo Espíritu, ahora.

Bienvenido, amado hijo de Dios, a una NUEVA VIDA.

www.ingramcontent.com/pod-product-compliance
Lightning Source LLC
LaVergne TN
LVHW091601060526
838200LV00036B/940